Leszek Kolakowski · Horror metaphysicus

Leszek Kolakowski
Horror metaphysicus

Das Sein und das Nichts

Aus dem Englischen
von
Friedrich Griese

Piper
München Zürich

Die Originalausgabe erschien 1988
unter dem Titel »Metaphysical Horror«
im Verlag Basil Blackwell, Oxford

ISBN 3-492-03228-1
© Leszek Kolakowski 1988
© Deutsche Ausgabe: R. Piper GmbH & Co KG,
München 1989
Gesetzt aus der Garamond-Antiqua
Gesamtherstellung: Kösel, Kempten
Printed in Germany

Inhalt

Über den Philosophen 7

Über die Philosophie 7

Über die Selbstquälerei der Philosophie 8

Ihre Selbstverspottung 14

Ihre Sehnsucht nach sich selbst. Jaspers (1) 16

Ihr Überleben 18

Über die Frage, was wirklich sei 19

Kartesianische Träume. Wiederverwendung des
Cogito 30

Alibi. Der Fluch der Zeit 37

Das Absolute (1) 41

Das Absolute (2) 45

Göttliche Personen und Unpersonen. Ist Gott gut?
Cruor dei 49

Damascius und zwei Arten des Nichts 56

Das göttliche Nichts im Christentum 63

Über alle möglichen Sprachen (1) 66

Wiederverwendung des Cogito (2) 72

Über Husserl 76

Über Merleau-Ponty 78

Das Ego als ein Quasi-Absolutes 84

Über die Entkartesianisierung 87

Über Spinoza 92

Über Jaspers (2) 94

Leibniz und alle möglichen Welten 97

Über göttliche und menschliche Schöpfung 103

Alter Ego 119

Über alle möglichen Sprachen (2) 122

Zur Deutung der Welt 140

Über den Philosophen

Ein moderner Philosoph, der nie das Gefühl gehabt hat, ein Scharlatan zu sein, ist dermaßen seicht, daß es wahrscheinlich nicht lohnt, seine Werke zu lesen.

Jahrhundertelang hat die Philosophie ihre Berechtigung dadurch behauptet, daß sie Fragen stellte und beantwortete, die sie aus dem sokratischen und vorsokratischen Erbe übernommen hatte: Wie das Wirkliche vom Unwirklichen, das Wahre vom Falschen, das Gute vom Bösen zu unterscheiden sei. Und es gibt einen Mann, mit dem alle europäischen Philosophen sich identifizieren, auch die, welche seine Ideen rundheraus ablehnen, und das ist Sokrates; ein Philosoph, der sich nicht mit dieser archetypischen Figur identifizieren kann, gehört nicht zu dieser Zivilisation.

Über die Philosophie

Irgendwann jedoch mußten die Philosophen sich einer schlichten, peinlicherweise unbestreitbaren Tatsache stellen und mit ihr fertigwerden: Nicht eine der Fragen, die zweieinhalb Jahrtausende lang die europäische Philosophie lebendig erhalten haben, ist je zur allgemeinen Zufriedenheit gelöst worden – sie alle sind noch immer umstritten oder wurden per Dekret der Philosophen für hinfällig erklärt. Ein Nominalist oder ein Anti-Nominalist zu sein, ist heute kulturell und intellektuell ebenso möglich, wie es das im zwölften Jahrhundert war; an die Möglichkeit einer Unterscheidung zwischen Erscheinung und Wesen zu glauben oder auch nicht zu glauben, ist ebenso zulässig, wie es das im alten Griechenland war; die Meinung, die Unterscheidung zwischen Gut und Böse sei eine kontingente Konvention, ist ebenso zulässig wie die andere, sie sei der Ordnung der Dinge immanent; ob man an Gott glaubt oder es ablehnt, an ihn zu glauben – man kann gleichwohl ein achtbarer Mensch sein; ob die Sprache die Wirklichkeit widerspiegelt oder ob sie sie nicht vielmehr erzeugt – unsere Zivilisation kennt keine Normen, die uns verbieten, das eine oder das andere zu glauben; und man wird nicht aus der guten Gesellschaft ausgestoßen, ob man nun den semantischen Wahrheitsbegriff anerkennt oder ablehnt. Die Frage, was in der Philosophie von Wichtigkeit sei – und das heißt: wodurch der Philosophie überhaupt eine Bedeutung im Leben zukomme –, ist heute genauso offen, wie sie es schon immer war seit jenem nicht genau bestimmbaren Augenblick, da das unabhängige Denken sich über das mythologische Erbe als Autoritätsquelle hinwegsetzte und sich seinen Platz in unserer Zivilisation schuf. Gewiß hat der Wortschatz, haben die Ausdrucksformen sich verändert, und dank der großen Geister, deren es in jedem Jahrhundert einige wenige gibt, ist es zu zahlreichen Wandlungen gekommen, doch das Innerste, das die Philosophie am Leben hält, ist unverändert geblieben.

Über die Selbstquälerei der Philosophie

Man hat verschiedene Strategien ersonnen, um mit dieser scheinbaren Selbstwiderlegung der Philosophie fertigzuwerden. Die am wenigsten verläßliche, wenngleich – zumindest im Hinblick auf das Selbstvertrauen des Philosophen – erfolgreichste besteht darin, den soeben beschriebenen Sachverhalt schlicht zu leugnen. Gewisse Fragen werden für sinnlos und damit zu nicht existierenden Fragen erklärt; die sinnvollen Fragen sind, ganz ähnlich wie wissenschaftliche Probleme, lösbar, und viele sind tatsächlich gelöst worden; wenn einige Leute nicht bereit sind, die Lösung zu akzeptieren, beweisen sie dadurch nur ihre intellektuelle Unfähigkeit. Hartnäckige Verfechter der analytischen Philosophie und Phänomenologen alten Stils, die offen im Rahmen dieser Strategie philosophieren, gehören heute, mögen sie auch noch so zahlreich sein, zu den gefährdeten Arten.

Die zweite Strategie umfaßt eine Reihe relativistischer Auswege: Der Sinn philosophischer Fragen wird – wie der aller anderen – entweder durch die Regeln eines Sprachspiels oder durch einen historischen Rahmen, eine bestimmte Zivilisation, in der sie gestellt wurden, oder durch Nützlichkeitserwägungen definiert. Es gibt keine verbindlichen Standards der Rationalität und damit auch keine Gültigkeit schlechthin; eine philosophische Wahrheit, eine Lösung des Problems mag durchaus gültig sein, aber dann bezieht sich die Gültigkeit auf ein Spiel, eine Kultur oder ein kollektiv oder individuell zu erreichendes Ziel. Darüber kommen wir einfach nicht hinaus, denn uns fehlen die Mittel, um uns von der Sprache, von bestimmten kontingenten kulturellen Normen oder von den praktischen Imperativen, die unseren Denkprozeß formen, zu befreien.

Es gibt diese relativistische Haltung in zwei grundlegenden Ausprägungen, einer liberal-anarchistischen und einer restriktiven. Die erstere akzeptiert alles, was (sprachlich, kulturell, praktisch) zulässig oder gut ist; ob man etwa an den Teufel glaubt oder nicht, ist von ähnlicher Bedeutung wie der Unterschied zwischen einem Vegetarier und einem Fleischesser oder der zwischen einer monogamen und einer polygamen Gesellschaftsordnung. Es gibt Kulturen und es gibt Spiele, die es verbieten beziehungsweise verlangen, an den Teufel zu glauben, es gibt solche, die eine bestimmte Ernährungsweise vorschreiben, und andere, die es nicht tun. Wenn die Sprache oder die Kultur, der ich angehöre, sowohl vegetarische als auch nichtvegetarische Ernährung zuläßt, kann ich mich für das eine wie für das andere entscheiden, vorausgesetzt es nützt mir, und für die Frage, ob ich an den Teufel glaube oder nicht, gilt das gleiche. Wenn eine Gesellschaft ihren Mitgliedern Monogamie vorschreibt und damit überlebt, ist die Monogamie das Richtige und somit das Wahre: Eine andere Art von Wahrheit kommt auch wissenschaftlichen, philosophischen und religiösen Überzeugungen nicht zu. Die Regeln geben den Ausschlag, die Realität richtet sich nach ihnen. In Albanien existiert Gott nicht, in Persien dagegen sehr wohl; Heisenbergs Prinzip ist heute gültig, war es aber nicht im alten Athen. Diese großzügige Auffassung des Relativismus hat nur den Haken, daß sie für gewisse Philosophen zwar befriedigend sein mag, aber eingefleischten (und aus deren Sicht bedauerlichen) Denkgewohnheiten der Menschheit, darunter auch von Wissenschaftlern, kaum beizukommen vermag. Einer solchen Gewohnheit entsprechend meine ich, wenn ich sage: »Der Teufel hat mich versucht«, daß der Teufel mich versucht hat. Nach den Regeln des linguistischen, historischen oder utilitaristischen Relativismus ist es durchaus zulässig, zu sagen: »Der Teufel hat mich versucht«, aber man unterstellt, daß ich, wenn ich das sage, eigentlich meine: »Nach den Regeln, unter denen ich lebe, ist es zulässig, zu sagen: ›Der Teufel hat mich versucht‹ (oder zu sagen: ›Die Winkelsumme eines beliebigen Dreiecks ist gleich zwei rechten Winkeln‹)«. Ich habe, anders gesagt, eine Regel zu befolgen, die von mir verlangt, immer daran zu denken, daß ich, wenn ich etwas sage, nicht sage, dies oder das sei der Fall, sondern daß – da nichts der Fall ist – die Regeln mir das Recht geben, so zu sprechen; dies läuft darauf hinaus, daß wir alle nur in einer Art von Metasprache sprechen sollten. So formuliert mag diese Vorschrift verrückt klingen, aber ich vermag nicht zu sehen, wie ein großzügiger Relativismus sie vermeiden könnte, ohne sich dem Verdacht auszusetzen, in die alten rationalistischen Vorurteile zurückzufallen. Wenn wir einmal unterstellen, die Vorschrift könnte in konsistenter Weise geäußert und befolgt werden, wird offensichtlich, daß sie den vorherrschenden sprachlichen Regeln widerspricht, und es taucht die Frage auf, warum die bestehenden Regeln zugunsten der relativistischen abgeschafft werden sollten. Wenn die Regel von der Relativität der Regeln nicht selbst relativ sein soll, kann sie nur ein willkürliches Dekret sein, und wenn sie ebenso relativ ist wie die Regeln, auf welche sie angewendet wird, besitzt sie keine größere Verbindlichkeit als die entgegengesetzte, und für die Aussage »Nichts ist der Fall« spricht nicht mehr als für die andere »Es ist nicht wahr, daß nichts der Fall ist«. Dabei ist zu beachten, daß beide Aussagen – »Nichts ist der Fall« und »Es ist nicht wahr, daß nichts der Fall ist« – nicht in einer Metasprache geäußert werden.

Die Wittgensteinsche Lösung ist wahrscheinlich das einzige verläßliche und konsistente Verfahren, das Dilemma aufzulösen. Sie geht in ihrem Bemühen um Selbstinterpretation weiter. Wenn ich mich über die Relativität des Wissens äußere, stoße ich in der Tat sinnlose Töne aus, und man erwartet nicht, daß ich etwas Wahres oder Falsches sage; meine Worte, denen jede kognitive Kraft abgeht, haben jedoch einen therapeutischen Wert insofern, als sie mir und Ihnen helfen, uns philosophischer Probleme zu entledigen, darunter insbesondere des Problems der Relativität des Wissens und des darin enthaltenen Paradoxons der Selbstbezüglichkeit. Das scheint auf einen praktischen Ratschlag hinauszulaufen: Kümmere dich nicht mehr um die Philosophie, und falls du unglücklicherweise Philosoph bist, solltest du dich besser nach einem anständigeren Job umsehen und Krankenpfleger, Priester, Klempner oder Zirkusclown werden; in diesen Tätigkeitsbereichen können die Menschen sich leidlich verständigen, ohne unmögliche erkenntnistheoretische Fragen zu stellen. Wittgenstein selbst hat offenbar den Versuch gemacht, aber er hat diese vernünftige Mahnung (er hat sie nicht selbst formuliert, muß man gerechterweise hinzufügen) nicht konsequent befolgt, und es hat nicht den Anschein, als würde sie von denen, deren intellektuelles Gebaren von seinen Worten geprägt wurde, häufig wiederholt oder laut geäußert.

Der restriktive Relativismus ist insofern weniger konsequent, als er den kulturgebundenen oder sprachgebundenen oder pragmatischen Charakter der »Wahrheit« anerkennt, aber er macht die metaphysische Wißbegier von vornherein zunichte, indem er die Frage, was »real« sei oder nicht, für unzulässig erklärt. Dabei ist es, wenn wir konsequent am Relativismus festhalten, sinnlos, zwischen metaphysischen und empirischen Fragen zu unterscheiden, und es ist nicht ersichtlich, warum die Frage nach der Wahrheit des berühmten Theorems von Fermat legitim sein sollte, im Gegensatz etwa zu der Frage nach der leiblichen Gegenwart Jesu Christi in der Eucharistie. Die einzige denkbare Legitimation beruht auf den anerkannten Standards einer Kultur oder einer Sprache, und die Gültigkeit einer Frage – sei es nach dem Fermatschen Theorem oder nach der Eucharistie – ist durch die Regeln eines bestimmten Spiels definiert, gleichgültig ob in diesen Regeln eine bestimmte Tendenz einer Zivilisation zum Ausdruck kommt oder ob sie willkürlich festgelegt wurden. Man kann bestimmte Fragen nicht auf Dauer für unzulässig erklären, es sei denn, man würde sich implizit auf die immer gültigen Normen der Rationalität berufen.

Schon den Skeptikern der Antike war bekannt – und seither ist bekannt –, daß jede Erkenntnistheorie, d. h. jeder Versuch, universale Kriterien für die Gültigkeit der Erkenntnis aufzustellen, entweder zu einem unendlichen Regreß oder zu einem Circulus vitiosus oder zu einem unüberwindlichen Paradoxon der Selbstbezüglichkeit führt (unüberwindlich, solange man es nicht scheinbar auflöst durch die Umwandlung in einen unendlichen Regreß). Das Ärgerlichste an dieser alten Erkenntnis ist, daß sie, sobald sie vorgebracht wird, ihrem eigenen Verdikt zum Opfer fällt, so daß ein Skeptiker schon durch die Tatsache, daß er die skeptische Lehre verkündet, inkonsequent ist. Soweit scheint (der junge) Wittgenstein recht zu behalten.

Außerdem ist der Relativismus, abgesehen davon, daß er sich nicht auf konsequente Weise zu formulieren vermag, auch insofern inkonsequent, als er – wie es immer wieder geschieht – implizit das Prinzip der Widerspruchsfreiheit anerkennt. In der Regel hat der universale Relativismus nichts für die Logik übrig, und das ist nicht erstaunlich, denn die Erklärung, der Satz vom Widerspruch sei nur innerhalb der Grenzen eines Sprachspiels oder einer Zivilisation gültig, macht jede weitere Verständigung unmöglich und hinterläßt den Relativismus im Zustand einer selbst zugefügten Lähmung. Selbst der unversöhnlichste Relativismus läßt die Geltung des Satzes vom Widerspruch unberührt und erkennt damit insgeheim gewisse ewige (oder zumindest nicht-historische und nicht auf ein Sprachspiel begrenzte) Normen der Rationalität an. In der Regel hat der universale Relativismus auch nichts für die Mathematik übrig. Den Sprüngen in der historischen Entwicklung der empirischen Wissenschaften und der Geisteswissenschaften zu folgen ist leichter, als die einfache Frage zu beantworten: Wie kam es, daß Galilei und Newton die Physik des Aristoteles in einen Scherbenhaufen verwandelten, während die Beweise des Euklid noch immer gültig sind?

Ihre Selbstverspottung

Die akademische Philosophie ist seit mehr als hundert Jahren weitgehend damit beschäftigt, zu erklären, daß die Philosophie entweder unmöglich oder nutzlos oder beides sei. Somit beweist die Philosophie, daß sie ihren eigenen Tod gesund und glücklich überleben kann, indem sie unablässig den Beweis führt, daß sie tatsächlich tot sei. Hume führte den Beweis; desgleichen, wenn auch mit völlig anderer Begründung, Hegel; desgleichen die Anhänger des Szientismus, des Positivismus, des Pragmatismus, des Historizismus; desgleichen zumindest einige der existentiellen Denker; desgleichen einige Mystiker und einige Theologen. Es gibt eine unübersehbare Vielzahl unzusammenhängender philosophischer Pfade, die in einem Punkt zusammenlaufen: der Antiphilosophie. Der Abschied von der Philosophie zieht sich endlos hin, wie das »Bye-bye« der berühmten Sequenz eines Filmes von »Dick und Doof«. Was einmal den Kern der philosophischen Reflexion ausmachte – Sein und Nichtsein, Gut und Böse, Ich und die Welt –, scheint, wenn man einmal von der historischen Fragestellung absieht, fast ebenso in einen fernen Winkel der Akademie verbannt zu sein, wie es in den theologischen Fakultäten heute mit Gott der Fall ist oder in der viktorianischen Konversation mit der Sexualität der Fall war. Doch das, was man für anstößig erklärt und aus dem akzeptablen Diskurs verbannt, wird dadurch nicht aus der Welt geschafft, sofern es ein integraler Bestandteil der Kultur ist; entweder überlebt es, vorübergehend verstummt, im Untergrund der Zivilisation, oder es verschafft sich in verzerrter Weise Ausdruck. Sowenig die viktorianischen Sitten die Sexualität abschaffen konnten, sowenig konnten die Stöße von Büchern über die Gott-ist-tot-Theologie und ähnliche Übungen Gott in der Seele der Menschen für immer begraben. Exkommunikationen sind nicht unbedingt tödlich. Die Empfänglichkeit für die traditionellen Fragen der Philosophie ist nicht geschwunden, sie überlebt, wenn man so sagen darf, subkutan, bereit, beim geringsten Anlaß ihre Präsenz zu zeigen.

Daß die Empfänglichkeit weiterbesteht, heißt nicht, daß es hier um »Probleme« geht, für deren Lösung eines Tages ein Genie eine verläßliche »Methode« präsentieren wird. Legt das Wort »Problem« den Gedanken nahe, daß ein Verfahren zu seiner Lösung im Prinzip möglich ist und gefunden werden kann, so läßt die Geschichte der Philosophie eine solche Hoffnung eher zweifelhaft erscheinen: vielleicht gibt es keine »Probleme« in diesem Sinne, sondern nur Sorgen, und da die Sorgen real sind, ist die Frage angebracht: Woher rühren sie, wie kann man sie erklären? Die gleiche Geschichte, die es sehr zweifelhaft erscheinen läßt, ob sie in »Probleme« umgewandelt werden können, weckt nicht minder starke Zweifel daran, daß sie schließlich erlöschen könnten. Philosophen, die – ob als Pragmatisten oder Historizisten – den Glauben an universale Normen der Rationalität aufgegeben haben, sind in einer unangenehmen Lage: Sie leben von genau den Sorgen, derer wir uns, so erklären sie, gänzlich entledigen sollten, da sie sinnlos und von keinem erdenklichen praktischen Nutzen seien.

Es ist uns aber noch eine andere Haltung möglich. Wir können einräumen, daß keine der traditionellen metaphysischen Fragen lösbar ist, und dennoch bestreiten, daß dies ein Grund sei, sie abzutun oder für sinnlos zu erklären. Philosophie bedeutet aus dieser Sicht tatsächlich Liebe zur Weisheit, eine Liebe allerdings, die nie vollzogen wird; jede Vollziehung wäre pure Illusion, eine dürftige Befriedigung in scheinbarer Gewißheit. Worauf ist dann aber diese – wie man im voraus weiß – vergebliche Suche gerichtet? Die Antwort lautet: Worauf es ankommt, ist die Suche selbst, so erfolglos sie auch sein mag; sie verändert unser Leben radikal. Wir sollten wissen, daß weder das empirisch zugängliche Universum noch die mathematischen Instrumente, mit deren Hilfe wir es beschreiben, ihre Erklärung in sich tragen und daß man die gesuchte Erklärung niemals finden wird, denn sie würde Begriffe und Bilder voraussetzen, die nicht aus diesem Universum abgeleitet werden können, und unsere Sprache, so sehr man sie auch dreht und wendet, vermag nicht ihrem Ursprung zu entrinnen, der in der Wahrnehmung, der Vorstellungskraft und der Logik liegt, die dieses Universum uns aufgezwungen hat. Kurz, wir können das Mysterium nicht durchdringen und es in Wissen verwandeln, aber es ist wichtig, daß wir wissen, daß es ein Mysterium gibt; zwar wird der Schleier vor der letzten Realität niemals gelüftet werden, aber wir sollten wissen, daß dort ein Schleier ist. Damit ist die Haltung, die Jaspers einnimmt, wohl angemessen umrissen, auch wenn er nicht genau diese Worte gebraucht, um sie auszudrücken.

Freilich läßt das immer wiederkehrende skeptische Argument Zweifel an der Folgerichtigkeit einer solchen Haltung aufkommen. So verstanden, ist Philosophie eine Ermahnung zu einem aussichtslosen Streben nach Erkenntnis und nicht selbst schon Erkenntnis (eine langwierige Ermahnung, wenn man den Gesamtumfang des Jaspersschen Werks bedenkt). Und doch soll diese Ermahnung eine Erkenntnis über die Grenzen der Erkenntnis enthalten. Wir können dem erkenntnistheoretischen Teufelskreis nicht entrinnen: Was immer wir, und sei es negativ, über die Erkenntnis sagen, setzt eine Erkenntnis voraus, auf deren Entdeckung wir stolz sind; der Ausspruch: »Ich weiß, daß ich nichts weiß«, ist, wörtlich genommen, ein Widerspruch in sich. Im Alltagsleben – und weitestgehend auch im Verkehr unter Wissenschaftlern – kommt man ohne erkenntnistheoretische Prämissen aus, ohne Voraussetzungen über die Wahrheit im allgemeinen oder über die Zusammenhänge zwischen Wahrnehmung und Realität, und selbst ein ganz unverbesserlicher Skeptiker kann sich durchaus auf eine Unterhaltung mit anderen Menschen einlassen, ohne sie philosophisch zu interpretieren. Er kann sogar Wörter wie »wahr« und »falsch« in ihrer geläufigen, unreflektierten Bedeutung verwenden; sobald er aber zu erklären versucht, warum es falsch ist, über diesen Sprachgebrauch hinauszugehen und das »Wesen der Wahrheit« ergründen zu wollen, sobald er sich also nicht nur wie ein Skeptiker verhält, sondern seine Haltung zu rechtfertigen wünscht, verwickelt er sich in Widersprüche.

Aber auch ohne derartige Rechtfertigungsversuche ist ein Skeptiker nicht unbedingt über jeden Tadel erhaben. Wenn er davon Abstand nimmt, über Philosophie zu sprechen, weil sich in konsistenter Weise nichts über sie sagen läßt und man, um die Gründe vorzutragen, welche die Nichtigkeit der Philosophie offenbaren würden, unzulässige philosophische Prämissen voraussetzen müßte, so weigert er sich schlicht, ein Geheimnis preiszugeben, das er selbst zu besitzen glaubt. Mit anderen Worten: Er gesteht sich selbst zu, eine Erkenntnis (über die Unmöglichkeit der Erkenntnis) zu besitzen, deren Weitergabe an andere ihn logisch in Verlegenheit brächte. Angenommen, es würde ihm gelingen, seinen Kopf gründlich zu entleeren und nicht länger an die Gründe zu denken, die ihn zu seiner Weigerung bewogen haben, so wäre er kein Skeptiker mehr; wenn er nicht in Widersprüche geraten will, muß er einfach vergessen haben, daß er jemals über philosophische Fragen nachgedacht hat oder daß er ein Skeptiker war. Ist ein solches Kunststück – nämlich seine bisherige geistige Arbeit vorsätzlich zu vergessen, sein Gedächtnis von logisch unerwünschten Inhalten zu säubern und sich in diesem Sinne gewissermaßen selbst zu betrügen – überhaupt möglich? Sehr wahrscheinlich nicht. Doch wie die Antwort auch ausfallen mag, das Dilemma des Skeptikers bleibt, entweder gar kein Skeptiker zu sein oder unlogisch zu denken.

Ihr Überleben

Es hat allerdings den Anschein, als sei Unlogik gar nicht zu vermeiden, sobald genuin philosophische Fragen gestellt werden. Der Grund ist einfach: Die Philosophie sucht seit je nach einer absoluten Sprache, einer Sprache, die vollkommen transparent wäre und uns die Realität vermittelte, wie sie »wirklich« ist, ohne sie durch Benennung und Beschreibung zu verfälschen; diese Suche war von vornherein aussichtslos, denn um unsere Fragen zu formulieren, sind wir auf die zufällige Sprache angewiesen, die wir vorfinden und die nicht für metaphysische Zwecke ausgeheckt wurde. Es gibt für das Denken keinen absoluten Anfang, keine absolute Sprache (Plato wußte das, wie *Kratylos* belegt), ja, nicht einmal die Möglichkeit, in einer kontingenten Sprache, der einzigen, über die wir verfügen, auch nur den Begriff der absoluten Sprache (und damit auch den Begriff der kontingenten Sprache) oder des absoluten Anfangs auszudrücken. Wir beginnen und enden unausweichlich in der Mitte unseres Weges.

Das Bewußtsein dieser mißlichen Lage ist die skeptische Aufklärung einschließlich des inneren Widerspruchs, der ihr ebenso unausweichlich anhaftet wie der »voraussetzungslosen« Erkenntnis das zirkuläre Argument oder die *petitio principii*. Man kann gleichwohl die Meinung vertreten, daß sowohl diese Suche als auch die skeptischen Beweise ihrer Vergeblichkeit gleichsam natürliche Produkte der Beschaffenheit des menschlichen Geistes und der kulturellen Entwicklung waren; nachdem die Philosophie einmal entstanden war, war sie nicht mehr rückgängig zu machen, mochte ihre Nichtigkeit auch noch so oft und noch so lautstark denunziert werden.

Über die Frage, was wirklich sei

Warum sollen wir uns eigentlich, außer wenn es praktisch relevant ist, den Kopf darüber zerbrechen, was »wirklich« oder »unwirklich«, »wahr« oder »falsch« ist? Die erstere Unterscheidung ist im Alltagsleben insofern unverzichtbar, als sie Träume, Illusionen und Halluzinationen von anderen Wahrnehmungen scheidet. Für die Metaphysik ist diese Unterscheidung belanglos. Träume und Illusionen sind tatsächliche Vorkommnisse und insofern offenkundig wirklich. Unwirklich sind sie insofern, als sie nicht von anderen Menschen geteilt werden und somit nicht Bestandteil des Kommunikationsprozesses sind, der von

praktischer Bedeutung ist. Gewiß können Träume pro-
phetische Vorzeichen oder Verkündigungen Gottes sein
und damit eine gesellschaftliche Bedeutung annehmen,
aber die Unterscheidung zwischen zwei Arten von Wahrnehmung wird dadurch nicht aufgehoben; die religiöse
Traumdeutung gehört zu einem anderen Kommunika-
tionssystem, das sich nicht in das »weltliche« übersetzen
läßt. Man kann entweder von zwei Bereichen der Wirklichkeit sprechen, die von je eigenen Regeln bestimmt
sind, oder nur einen davon als »wirklich« bezeichnen, im
Gegensatz zum anderen; in beiden Fällen handelt es sich
nicht um eine Unterscheidung von metaphysischer Natur.
Es kann sein, daß ich von einem Feuer in meinem Hause
träume und dann eine versteckte Botschaft aus einer anderen Welt in meinem Traum entdecke, aber ich werde,
wenn ich erwacht bin, nicht die Feuerwehr rufen, um den
Brand zu bekämpfen. Mit anderen Worten: »Wirklich«
und »unwirklich« im landläufigen Sinne sind Merkmale
des Kommunikationsprozesses und nicht der Dinge
selbst. Die metaphysische Suche nach dem, was »wirklich
wirklich« ist, im Gegensatz zu dem, was nur scheinbar ist,
hat (zumindest auf den ersten Blick) keine praktischen
Folgen und kann für sinnlos erklärt oder aus pragmatischen Gründen abgetan werden.

Dasselbe läßt sich auch von der Unterscheidung »wahr–
falsch« sagen. Der übliche Sprachgebrauch ist hier hinreichend klar und muß keinerlei metaphysische Voraussetzung darüber machen, wie die Welt »wirklich« ist, im
Gegensatz dazu, wie sie zu sein scheint. Für praktische
Zwecke scheint darüber hinaus nichts weiter erforderlich
zu sein; »wahr« und »falsch« sind gleichfalls Eigenschaften des menschlichen Kommunikationsprozesses und beziehen sich nicht auf die Frage der Entsprechung zwischen
unseren Urteilen und der Wirklichkeit »an sich«.

Wir können nur Vermutungen anstellen über den Ursprung der Unterscheidung zwischen wirklich und unwirklich in einem Sinne, der über die Unterscheidung zwischen dem, was ist, und dem, was nicht von anderen Menschen geteilt wird, hinausgeht, und wissen also auch nichts Genaues über den Ursprung der Idee, daß die Welt, in der wir leben, möglicherweise eine Illusion oder bloß der Abglanz einer genuinen, der Wahrnehmung unzugänglichen Wirklichkeit ist. Diese Einsicht ist natürlich älter als die Philosophie (im europäischen Sinne des Wortes): Wir kennen sie aus der hinduistischen und buddhistischen Weisheit.

Man kann gewiß die Meinung vertreten – Whitehead hat darauf hingewiesen –, daß diese Unterscheidung eine notwendige Bedingung für das Entstehen der Wissenschaft im modernen Sinne gewesen sei. Es war nun einmal Demokrit, der gesagt hat, daß es »in Wahrheit« nichts als Atome und die Leere gebe, und wenn niemand eine solche spekulative Idee geäußert hätte, wäre die moderne Atomtheorie nie entstanden; die Pythagoräer waren nun einmal der Ansicht, den Zahlenbeziehungen komme so etwas wie eine ontologische Priorität gegenüber den empirischen Phänomenen zu, und irgend jemand mußte einfach die kognitive Unabhängigkeit der Mathematik von der Erfahrung behaupten, damit sich die Mathematik überhaupt entwickeln konnte. Das sind wahrscheinlich vernünftige Argumente, aber sie erklären nicht, wie es zu der Unterscheidung zwischen Schein und Wirklichkeit gekommen ist; es mag sein, daß sie für die Entwicklung der Wissenschaft wesentlich war, aber das war nicht die Hauptsache; der Mensch hätte wohl nicht die Wissenschaft aufbauen können, wenn er nicht zuvor die Unterscheidung zwischen Wesen und Erscheinung entwickelt hätte (die Historiker weisen immer wieder auf den Platonismus Galileis hin), aber diese Unterscheidung wurde nicht deshalb getroffen, um die Wissenschaft zu ermöglichen. Gibt es im menschlichen Geist einen speziellen Trieb, der uns zu der Vermutung drängt, die wahrhaft wirkliche Welt sei unter der faßbaren Oberfläche verborgen? Besitzen wir so etwas wie einen mißtrauischen Instinkt, der, auch wenn er von der nüchternen empirischen Vernunft oft genug verschmäht und verspottet wurde, im Laufe der Geschichte der Zivilisation nie ganz eingeschlafen ist und uns einzureden versucht, daß das göttliche Auge (oder das transzendentale Ich) die Dinge ganz anders sieht als wir, wir aber nicht für immer von der Teilhabe an dieser unfehlbaren Sicht ausgeschlossen sind?

Die Geschichte der europäischen Metaphysik scheint ein hoffnungslos frustrierender und doch immer wieder erneuerter Versuch zu sein, diesen Instinkt in einer Sprache auszudrücken, die den Forderungen der Vernunft, die sich mit wachsender Selbstsicherheit zum obersten Richter über alle Geltungsansprüche ernannte, genügen würde. Diese Selbsternennung oder Selbstsalbung war teils anmaßend, teils authentisch. Sie war insofern anmaßend, als die Vernunft sich selbst nach Maßstäben definierte, die aus der bestehenden Wissenschaft stammten und somit keine andere Bestätigung besaßen als die bloße Effizienz der Wissenschaft. Sie war jedoch insofern authentisch, als sie die Metaphysik mit logischen Gründen attackierte und damit die Logik zu einer unüberschreitbaren Grenze, jenseits derer keine Kommunikation mehr möglich ist, und zumindest in diesem Sinne zu einer letzten Grundlage erklärte.

Warum haben tatsächlich so viele Philosophen sich bemüht, die Idee des Solipsismus zu widerlegen und zu beweisen, daß »die Welt existiert«, wo doch zum einen noch niemand je einen vollkommen überzeugten und konsequenten Solipsisten gesehen hat und es zum anderen nicht den geringsten praktischen Unterschied zu machen scheint, ob die Welt existiert oder nicht? Weshalb sollten wir mit der landläufigen Unterscheidung zwischen Träumen und Illusionen auf der einen und den normalen, das heißt von aller Welt geteilten Wahrnehmungen auf der anderen Seite unzufrieden sein und uns stattdessen nach einer Methode umschauen, mit deren Hilfe wir uns davon überzeugen können, daß das von uns wahrgenommene Universum kein Phantasieprodukt ist, sondern so etwas wie eine »harte« Wirklichkeit enthält? Warum haben so viele Philosophen und Mystiker die Kühnheit besessen, die Idee des »Nichts« zu entwickeln und sich voll Ehrfurcht in diesen imaginären Abgrund zu wagen, statt, wie es Carnap in seiner berühmten Attacke auf Heidegger tun sollte, von Anfang an zu begreifen, daß das »Nichts« nichts anderes ist als eine alberne und unzulässige Substantialisierung der Partikel der Verneinung, des schlichten und überaus nützlichen Wortes »nicht«?

Im Rückblick – und, natürlich, spekulativ – können wir verstehen, warum das metaphysische Fragen aufgetaucht ist, ja sogar, warum es sonderbar gewesen wäre, wenn es nicht aufgetreten wäre. Die Quelle unserer leidenschaftlichen Suche nach »Wirklichkeit« ist unsere Gebrechlichkeit, an deren Wahrnehmung uns Gott oder die Natur nicht hätten hindern können, nachdem Er – oder sie oder beide – uns mit der Fähigkeit ausgestattet hatte, sowohl den Unterschied zwischen Illusion und Nicht-Illusion als auch die Unsicherheit unseres Lebens sprachlich auszudrücken.

Gewiß gibt es – ein bekanntes psychologisches Phänomen – das nicht selten vorkommende, aber gewöhnlich nur kurz anhaltende Gefühl der »Unwirklichkeit« oder »Entwirklichung«, und es könnte sogar den psychologischen Hintergrund von Descartes' Philosophie gebildet haben. Es ist aber viel zu flüchtig, um das beharrliche metaphysische Streben erklären zu können. Sollte die Metaphysik tatsächlich ein neurotisches Symptom sein, dann muß es sich gewissermaßen um eine in der Anthropologie begründete Neurose handeln, ein dauerhaftes, unheilbares – und potentiell destruktives – Merkmal eines Geschöpfes, das, zum Guten wie zum Bösen, die Fähigkeit besitzt, die Gefährdetheit seines individuellen und kollektiven Schicksals, die Unberechenbarkeit des Erfolges seiner Bemühungen und die Fehlbarkeit seiner Erkenntnis wahrzunehmen.

Falls die Metaphysik – das ist die Suche nach Gewißheit und nach dem letzten Grund – in der Tat Ausdruck der Erfahrung der menschlichen Hinfälligkeit ist und die Energie, welche die Philosophie letzten Endes am Leben erhält, aus dieser Erfahrung stammt, so ist damit durchaus nicht gesagt, daß die metaphysische Reflexion nicht mehr sei als ein imaginäres Elixier, das ersonnen wurde, um ein reales Unbehagen zu lindern. Es ist durchaus denkbar, daß die spezifisch menschliche Gebrechlichkeit, die in dem Bewußtsein besteht, gebrechlich zu sein, uns eine besondere Sensibilität verleiht, die unseren Geist für neue Wege der Forschung öffnet und uns befähigt, den Unterschied zwischen dem Kontingenten und dem Notwendigen, zwischen dem, was mutmaßlich, und dem, was gewiß ist, zwischen dem Relativen und dem Absoluten, zwischen dem Endlichen und dem Unendlichen auszudrükken.

Descartes bemerkt (im Brief an Vatier vom 22. Februar 1638), die Gewißheit seiner Beweise für die Existenz Gottes beruhe auf Argumenten, aus denen hervorgehe, wie ungewiß unsere Erkenntnis der materiellen Dinge sei. Da Descartes – aus Gründen, die uns hier nicht zu beschäftigen brauchen – die thomistischen Argumente für die Existenz Gottes nicht stichhaltig fand und seine eigenen Argumente für die einzig verläßlichen hielt, ist klar, daß wir nach seiner Ansicht nichts über Gott wüßten, wenn wir nicht begriffen hätten, wie unzuverlässig alles ist, was wir über das Universum, selbst seine Existenz eingeschlossen, wissen. Diese Bemerkung ist offensichtlich eine Ausnahme, ein *hapax legomenon* in Descartes' Werk (er hielt es für unangebracht, sie in ein Buch aufzunehmen, das nach seinem Wunsch auch für Frauen verständlich sein sollte), und sie ist höchst aufschlußreich. Sie beweist, daß er sich der Tatsache bewußt war, daß die Erfahrung der Hinfälligkeit der Welt der einzige Weg zum absoluten Wesen ist.

Für Descartes – das muß betont werden – ist nicht nur die Hinfälligkeit der Welt eine unerläßliche Voraussetzung unserer Erkenntnis des Absoluten, sondern auch meine eigene Hinfälligkeit: Selbstverständlich nicht die Ungewißheit bezüglich meiner Existenz, sondern die Dürftigkeit meiner kognitiven Fähigkeiten; mein Wissen von der Existenz des vollkommenen Wesens beruht darauf, daß seine Idee in meinem Geist vorkommt und mein Geist in seiner Unvollkommenheit diese Idee niemals aus eigenen Kräften hätte entwickeln können.

Wenn wir das intellektuelle Bemühen Descartes', zum Absoluten zu gelangen, auf den einfachen, allgemeinen Gedanken verkürzen, daß wir das Absolute kennen, weil wir uns der Hinfälligkeit der Welt und unserer eigenen bewußt sind, dann bemerken wir sofort, daß dieser Gedanke, so reduziert, sich auf fast alle Versuche übertragen läßt, der letzten Wirklichkeit intellektuell Herr zu werden. Sämtliche fünf Argumente des Thomas von Aquin wollen zeigen, daß die Welt, wie wir sie aus der Erfahrung kennen, eine Ursache und einen Zweck erfordert, daß ihre Unvollkommenheit und ihr Nicht-sich-selbst-Genügen, wenn man sie verstehen will, gebieterisch ein vollkommenes und notwendiges Wesen verlangen. Selbst das ontologische Argument bezieht sich, zumindest in der kartesianischen Fassung (in der Erwiderung auf die zweiten Einwände gegen die *Meditationen*), direkt auf die Unterscheidung zwischen dem kontingenten und dem notwendigen Wesen. Kants praktische Vernunft postuliert Gott als das höchste Gut, weil das moralische Gesetz keine Grundlage für einen Zusammenhang zwischen Moral und Glückseligkeit bietet; anders gesagt müssen wir Kant zufolge Gottes notwendiges Sein akzeptieren, weil zwischen unserem Verlangen nach Glück und den uns bindenden rationalen moralischen Gesetzen eine emprisch nicht zu überbrückende Kluft besteht; wenn Glück und Moral zusammenfallen, dann nur durch Zufall. Gewiß haben die großen Neuplatoniker, von Plotin und Proklos über Maimonides bis hin zu Spinoza, die Notwendigkeit des Absoluten nicht – zumindest dem Anschein nach nicht – aus der Kontingenz der Welt abgeleitet, doch wenn wir die Gründe ihrer Überzeugung näher untersuchen, stoßen wir stets auf die gleiche Erfahrung: Sämtliche Bestandteile des empirisch zugänglichen Universums einschließlich unserer selbst und das Universum als Ganzes können nicht aus sich selbst begriffen werden; da sie vergänglich sind, können sie nicht in sich selbst wurzeln und treiben gleichsam in einen Abgrund, wenn es keine in sich selbst wurzelnde Wirklichkeit gibt, die sie trägt.

Man könnte im Sinne Humes argumentieren, diese Erfahrung sei, in der Sprache der Metaphysik ausgedrückt, nichts anderes als eine Tautologie: Wenn man annimmt, daß alles eines Grundes oder eines hinreichenden Grundes bedarf, dann muß alles, was kontingent ist, per definitionem auf etwas bezogen sein, das in sich selbst gründet; diese Annahme ist jedoch willkürlich.

Aber es ist nur eine scheinbare Tautologie. Gewiß: Sobald wir vom »Kontingenten« oder vom »Relativen« sprechen, evozieren wir das »Notwendige«, und sobald wir das Wort »endlich« mit seiner trügerischen Verständlichkeit äußern, taucht automatisch das scheinbar unverständliche »unendlich« auf; wenn man die Welt »kontingent« nennt – so das gleiche Argument –, postuliert man in der Tat ein absolutes Wesen, aber der Trugschluß liegt gerade darin, daß man zwei nichtempirische Begriffe benutzt, auf die wir ohne weiteres verzichten können.

Können wir wirklich? Das hängt von dem Ursprung und der Verwendung dieser Begriffe ab.

Die Tatsache allein, daß jeder der Begriffe des Paares »kontingent – notwendig« oder »endlich – unendlich« nur als Glied eines Paares verständlich ist und nicht ohne die Hilfe seines Gegenstücks definiert werden kann, so daß beide einander stützen, bedeutet noch nicht, daß sie inhaltsleer sind oder daß Ausdrücke wie »die Kontingenz der Welt verlangt nach einem absoluten Wesen« tautologisch sind. Unzweifelhaft in der Erfahrung wurzelnde Begriffe weisen die gleiche Charakteristik auf: Verständlich sind sie nur in Paaren, deren Glieder einander stützen (»groß« und »klein«, »langsam« und »schnell«, »flüssig« und »fest« usw.). Wären alle beobachtbaren Bewegungen von der gleichen Geschwindigkeit, könnten wir nicht die Begriffe »langsam« und »schnell« entwickelt haben, und wären alle Körper von der gleichen Dichte, so wäre es unmöglich, die Begriffe »flüssig« und »fest« zu konstruieren. Der Unterschied zwischen diesen beiden Arten von Begriffen besteht nicht darin, daß die letzteren empirisch sind, die ersteren dagegen nicht. Der Unterschied ist historischer Natur und bezieht sich nicht auf vermeintlich unwandelbare Eigenschaften der Erfahrung. Es ist denkbar, daß die Unterscheidung zwischen »endlich« und

»unendlich« erstmals durch einfache arithmetische und geometrische Überlegungen (Zahlen, Geraden und dergleichen) nahegelegt wurde. Die Unterscheidung zwischen »kontingent« und »notwendig« oder zwischen »relativ« und »absolut« kann jedoch nicht aus mathematischen Überlegungen hervorgegangen sein. Sie beruht auf Erfahrung, nicht anders als die Unterscheidung zwischen grün und rot, leicht und schwer, Tag und Nacht. Daß man die erstere als spekulativ abzutun, die letztere dagegen als vernünftig anzuerkennen pflegte, lag darin, daß die Unterscheidung zwischen, sagen wir, »naß« und »trocken« praktisch anwendbar ist, anders als die Unterscheidung zwischen »kontingent« und »notwendig«. Der Unterschied ist somit pragmatischer Natur und beruht auf der stillschweigenden normativen Voraussetzung, den Begriff der Erfahrung auf das zu beschränken, was im Umgang mit Gegenständen nützlich ist oder sein könnte und in diesem Sinne besser oder genuin ist. Diese Voraussetzung bildet eine der intellektuellen Grundlagen der Moderne. Es ist eine ideologische Prämisse, die durch die utilitaristische Lebenseinstellung, nicht durch die überzeitlichen Regeln der Rationalität gerechtfertigt wird; diese Einstellung, der wir unsere Wissenschaft und Technik verdanken, erforderte Normen, nach denen die verwertbare Erfahrung, jene Erfahrung, mit deren Hilfe man Dinge manipulieren kann, abgegrenzt und getrennt werden konnte von jener Erfahrung, die nicht in diesem Sinne zu verwerten war.

Man könnte argumentieren, daß metaphysische Begriffe einen Platz im menschlichen Leben haben, insbesondere im Bereich des religiösen Kultus. Doch abgesehen davon, daß bei kultischen Akten die »praktische Anwendung« offenkundig etwas grundlegend anderes bedeutet – ein Wissen, das derartige Begriffe enthält, kann nicht umgewandelt werden in Instrumente zur Vorhersage oder Beherrschung von Naturphänomenen –, dreht sich das religiöse Leben nicht um metaphysische Eigenschaften wie »kontingent« und »notwendig«. Die persönlichen Götter, zu welchen die Menschen beten, denen sie danken, denen sie gehorchen, die sie verehren oder die sie zu überlisten versuchen, sind natürlich keineswegs gleichzusetzen mit einer absoluten Entität, wie sie die Metaphysiker vergebens in ihrem Idiom zu domestizieren versuchten. Tatsächlich ist es infolge außergewöhnlicher historischer Ereignisse in der europäischen Zivilisation zu einer solchen Gleichsetzung gekommen, aber begrifflich ist sie ganz und gar nicht abgesichert. Dieser Frage will ich mich jetzt zuwenden.

Rückblickend erscheint es wie selbstverständlich, daß der Prozeß, der zur Trennung der empirischen (im Sinne von: effizient anwendbar) Unterscheidungen von den metaphysischen führte, zunächst die skeptische und dann die idealistische Form annehmen mußte. In seiner entscheidenden Phase, im spätmittelalterlichen Nominalismus, waren grundlegende Einsichten Descartes' und Humes bereits entwickelt: Die einzige Gewißheit, die ich, abgesehen vom Satz vom Widerspruch, in der Naturerkenntnis erlangen kann, ist, wie Jean de Mirecourt und Nicolas d'Autrecourt übereinstimmend argumentierten, meine eigene Existenz (*quod de substantia materiali alia ab anima nostra non habemus certitudinem evidentiae*, lautet eine der sechzig irrigen Aussagen von Nicolas, die 1347 verurteilt wurden); die Realität der Substanz ist ebensowenig beweisbar wie natürliche Kausalzusammenhänge, und den Menschen ginge es besser, wenn sie, statt die Abhandlungen des Aristoteles zu lesen, verstärkt das wenige, das wirklich gelernt werden kann, lernen würden: Da Gott in seiner Allmacht Erscheinungen hervorrufen kann, die wir nicht von wirklichen Dingen zu unterscheiden vermögen, hat es einfach keinen Zweck, herausfinden zu wollen, was in der Welt der Sinneserfahrung wirklich ist und was lediglich zu sein scheint. Pierre d'Ailly trug später ein ähnliches Argument vor. Für eine Kontinuität von den Denkern im Stile Descartes' und Humes im 14. und 15. Jahrhundert bis zu den großen, berühmten Denkern, die der altehrwürdigen Metaphysik drei oder vier Jahrhunderte später den Gnadenstoß versetzen sollten, mag es keinen direkten Beweis geben. Es besteht aber kein Zweifel daran, daß der moderne Empirismus und Skeptizismus auf dem Boden gewachsen sind, der durch diese frühen, kühnen Anschläge auf den gesamten Begriffsapparat der Scholastik bereitet wurde.

Die Unterscheidung zwischen Traum und Wirklichkeit blieb von den Angriffen auf das aristotelische Erbe unberührt; sie zielten darauf, die – empirisch nicht vollziehbare – Unterscheidung zwischen Wirklichkeit und Unwirklichkeit im metaphysischen Sinne aufzuheben; sie machten, wenn sie es auch nicht unbedingt mit solchen Worten sagten, den bloßen Begriff der Existenz unbrauchbar, außer er wurde auf zwei letzte Realitäten bezogen: auf Gott und mich selbst.

Und hier setzt der *horror metaphysicus* ein. Ihm wollen wir nun nachgehen.

Kartesianische Träume. Wiederverwendung des Cogito

Der Horror besteht in folgendem: Wenn nichts wirklich existiert außer dem Absoluten, ist das Absolute nichts;

wenn nichts wirklich existiert außer mir selbst, bin ich nichts.

Betrachten wir dieses schwindelerregende Abtreiben ins Nichts zunächst vom kartesianischen Ende her.

Die *opinio somnii*, das Traumargument, das Descartes in den *Meditationen* vorträgt, könnte als ein bloßer logischer Kunstgriff erscheinen, der uns auf einem Umweg zur Wiederherstellung der Realität der Welt führt. Es erwuchs jedoch aus der beunruhigenden Erfahrung, die ihm widerfuhr und die vielen Menschen zugestoßen ist: Bin ich in diesem Augenblick vielleicht gerade am Träumen? Ist vielleicht alles, was ich wahrnehme, bloß eine Illusion?

Zahlreiche Kritiker haben darauf hingewiesen, daß Descartes, um diese Frage stellen zu können, bereits den Unterschied zwischen einem Traum und dem Wachzustand gekannt haben muß und daher außerstande war, sich durchgängig einzubilden, seine Umgebung bestehe ausschließlich aus Traumgebilden seines Geistes. Auf diesen Einwand haben einige seiner Verteidiger erwidert, Descartes habe sich nicht eingebildet, daß er möglicherweise ständig träume; ihm sei es nur darum gegangen, daß er in keinem Moment sicher sein konnte, nicht zu träumen.

Descartes' Frage zielte indessen eindeutig auf das gesamte physikalische Universum; auf den gesamten Erfahrungsinhalt fiel der Schatten des Zweifels. Es mag unlogisch sein, nach der Möglichkeit zu fragen, daß ich unablässig am Träumen sein könnte, wenn »träumen« als Gegensatz zum Wachzustand definiert wird. Doch das Träumen muß nicht unbedingt so verstanden werden; Descartes argumentierte, daß alle Wahrnehmungen im Wachzustand in dem Sinne einem Traum ähneln könnten, daß es »in Wirklichkeit« nichts gibt, was ihnen entspricht. Nichts sichert mich gegen den Verdacht, daß Gott oder ein böser Dämon aus Gründen, die sie allein kennen, mich mit illusorischen Bildern von einer Welt füttern, die »nicht existiert«.

Ein radikaler Empirist würde diesem Schreckbild der Illusion entgegenhalten, daß es überhaupt nicht darauf ankomme, ob die Welt existiert oder nicht, ja, daß schon diese Unterscheidung sinnlos und nicht ausdrückbar sei; da die Annahme, daß die Welt »nicht existiert«, nichts an meiner Erfahrung ändere und da per definitionem alle Unterscheidungen, die sich »auf den Zustand der Welt« beziehen, nur insofern einen Sinn haben, als sie empirisch beschrieben werden können, gebe es einfach keinen empirischen – und damit überhaupt keinen – Unterschied zwischen einer Welt, die existiert, und einer Welt, die nicht existiert; nicht nur praktisch gesehen, sondern auch rein theoretisch seien diese Welten identisch. Für einen radikalen Empiristen (wie Mach) erledigt sich die Frage Descartes' dadurch, daß er den (nicht formulierbaren) Gegensatz zwischen zwei Welten, die aus geistigen beziehungsweise physikalischen Sachverhalten bestehen, für nichtig erklärt. Schon die Begriffe der Existenz und der Wirklichkeit werden (wenn sie nicht empirisch definiert werden können wie in der Unterscheidung zwischen Halluzinationen und normalen Wahrnehmungen) nutzlos und irreführend.

Stimmt etwas nicht an dieser einfachen Lösung? Was läßt uns ganz natürlich davor zurückscheuen, uns mit ihr zufriedenzugeben? Brauchen wir etwa den Begriff der Realität der Existenz im metaphysischen Sinne? Ich werde Gründe dafür anführen, daß wir ihn brauchen und daß daher das *Cogito* partiell gerechtfertigt werden kann: nicht als ob der Akt des *Cogito* uns eine unerschütterliche Grundlage der Erkenntnis liefern oder die letzte Quelle der Gewißheit sein könnte, aber in dem Sinne, daß er uns ein Paradigma für den Begriff der Existenz liefern könnte.

Ein Gedankenexperiment kann der Diskussion förderlich sein. Wenn wir gewissen Superexperten über das Leben nach dem Tode folgen und annehmen, daß wir im Himmel die Fähigkeit besitzen werden, durch bloßen Willensakt auf der Stelle jede beliebige physikalische Umgebung zu schaffen, so wird ein bloßer Befehl genügen, um den Himalaja, Paris, den Amazonasdschungel oder die Einöde des Mondes um uns herum entstehen zu lassen. Die solchermaßen mental erzeugten Welten wären in dem Sinne, den Descartes zu erhellen suchte, »unwirklich«, aber sie würden sich für unsere Wahrnehmung nicht im geringsten von den »wirklichen« Welten unterscheiden. Würde das Bewußtsein ihrer Unwirklichkeit uns überhaupt stören? Wahrscheinlich nicht; wahrscheinlich würden wir die Berge, Flüsse, Städte und Wälder genauso genießen, wie wir es jetzt tun, und wir würden weder das Gefühl haben, daß mit ihrem illusorischen Status etwas nicht stimmt, noch würden wir imstande sein, den Unterschied zwischen Illusion und Nicht-Illusion angemessen zu beschreiben. Aber wie steht es mit anderen Menschen? In dieser Hinsicht würde, wie man leicht erkennt, ein enormer Unterschied auftreten; wenn wir uns bewußt wären, daß alle Menschen, mit denen wir im Himmelreich kommunizieren, all unsere Freunde und Nächsten, lediglich künstliche Produkte sind, die wir durch mentale Akte beliebig erschaffen haben und die kein subjektives Eigenleben besitzen, würden wir äußerst beunruhigt sein, würden wir das Leben völlig anders wahrnehmen, und ein Gefühl unerträglicher Einsamkeit würde uns überkommen. Das gleiche würde natürlich passieren, wenn wir eine andere Idee von Descartes ernstnähmen – daß nämlich andere Menschen, denen wir im diesseitigen Leben begegnen, möglicherweise nichts als Automaten sind, die kein Innenleben, keine lebendige, eigene Erfahrung haben –

33

und uns vollkommen allein von derartigen künstlichen Wesen umgeben fänden, die nicht von wirklichen Menschen zu unterscheiden, aber mechanisch erzeugt wären, wie es oft in der Science Fiction vorkommt.

Damit sind wir wieder bei dem unvergänglichen Problem der Wirklichkeit der Subjektivität, das trotz aller Austreibungsversuche die europäische Philosophie seit über drei Jahrhunderten heimsucht. Die Grundzüge des Problems sind ganz einfach zu beschreiben. Da die Subjektivität, also jene Eigentümlichkeit der Erfahrung, die darin besteht, daß sie (die Erfahrung) meine ist, anderen Menschen nicht zu vermitteln ist oder ihnen nicht gezeigt werden kann, ist diese Eigenschaft nach Annahme der Empiristen belanglos für unser Leben, und alles, was mit ihr zusammenhängt, kann leicht aus unserem Diskurs beseitigt werden. Die Annahme besteht darin, daß nur jene Aspekte der Erfahrung, die man anderen Menschen mitteilen kann, »wirklich« seien und der subjektive Aspekt sich nicht auf diese Weise in ein gemeinsames Gut verwandeln lasse. Die Diskussionen über die »denkenden Maschinen« laufen letzten Endes auf die Geltung dieser Annahme hinaus, die einen Maßstab aufstellt, an dem Wirklichkeit oder Unwirklichkeit zu messen ist. Was kann uns zwingen, diese Annahme zu akzeptieren? Nichts. Sie ist willkürlich und Ausdruck einer historisch entstandenen Wertehierarchie (die kognitive Geltung wird letztlich durch pragmatische Werte bestimmt).

Das soeben geschilderte Gedankenexperiment legt außerdem nahe, daß das Wort »Existenz« sich auf zwei Arten von Intuition bezieht. Im Alltagsleben wie im wissenschaftlichen Diskurs kann man die »Existenz« von Objekten getrost dem menschlichen Kommunikationsprozeß zuschreiben. Sie ist ein Aspekt dieses Prozesses, und insofern ist es relativ, ob die fraglichen Objekte gemeinhin als

»wirklich« akzeptiert werden (wie zum Beispiel Berge, Magnetfelder und Quarks) oder ob ihre Wirklichkeit anfechtbar, ungewiß oder zweifelhaft ist (wie die von Tachyonen, Engeln, Zahlen oder Werten). Wirklich ist, was im Rahmen der jeweils geltenden Regeln menschlicher Verständigung wirklich ist. Die weißen Mäuse, die ich gerade jetzt in der Ecke meines Zimmers sehe, sind unwirklich in dem Sinne, daß ich allein sie wahrnehme und sonst niemand den Anblick teilt, so daß er als eine Folge etwa meines Alkoholdeliriums abgetan werden kann. Berge und Quarks sind nach den gleichen Bezugsregeln wirklich. Die Wirklichkeit von Tachyonen, Engeln und Zahlen ist nach den gleichen Regeln möglich, aber ungewiß. Mehr ist für die praktischen Zwecke, auf die der Kommunikationsprozeß gerichtet ist, nicht erforderlich; wir kommen ohne die »Existenz« im metaphysischen Sinne aus, d. h. ohne das Gegebensein von selbstbezüglichen Entitäten, deren Eigenschaften einfach vorhanden sind, gleichgültig ob sie wahrgenommen, benannt und in unserer Kommunikation identifiziert werden. Da wir per definitionem außerstande sind, unabhängig von unserer Wahrnehmung und unserer Sprache zu bestimmen, in welchem Maße unsere Wahrnehmung und unsere Sprache zu dem Bild der Welt, die wir wahrnehmen und über die wir sprechen, beitragen (wobei wiederum von individuellen Verzerrungen wie im Falle der weißen Mäuse abgesehen wird), ist die abstrakt zusammengebraute Doktrin des kollektiven Solipsismus (in neukantianischer, historizistischer oder pragmatischer Version) unwiderlegbar. Ohne einen Circulus vitiosus kann nicht widerlegt werden, daß die Wirklichkeit von Objekten abhängig ist von einem Sprachspiel, von universalen Wahrnehmungsmustern, von praktischen Bedürfnissen, die unsere Art, die Welt zu organisieren, prägen. Gewiß wird uns das bereits erwähnte Paradoxon der Selbstbezüglichkeit auch weiterhin verfolgen, aber wir können ihm nach der Art der radikalen Skeptiker aus dem Wege gehen, aufhören, unseren Multi-Solipsismus zu artikulieren, uns nicht weiter um die Metaphysik kümmern und die Frage der »Existenz« für unlösbar, sinnlos oder besser noch für unbeschreiblich erklären.

Anders verhält es sich jedoch mit der Intuition der Existenz, sobald ich es mit der selbstbezüglichen Identität zu tun habe, die ich selbst bin. Die Trennung, die Descartes zwischen dieser privilegierten Wirklichkeit und der Wirklichkeit von allem anderen vornahm, entspricht einer ganz grundlegenden und unphilosophischen Einsicht. Sätze wie zum Beispiel »Ich bin Teil eines Sprachspiels«, »Meine Wirklichkeit hängt von jeweils geltenden Wahrnehmungs-mustern ab«, »Daß ich existiere, bedeutet, daß es nützlich ist zu glauben, ich existierte« oder »Ich existiere nicht« kann ich nicht mit Überzeugung aussprechen. Daß ich bin, ist in der Tat unwiderlegbar, und insofern wird die »Existenz« im metaphysischen nicht-relativen Sinne für mich verständlich.

Nun mag sie ja unwiderleglich sein (in dem Sinne, daß niemand Gründe gegen sie anführen oder sie für unverständlich erklären kann), aber ist sie nicht einfach eine Binsenweisheit? Und wieso ist sie von Bedeutung? Darauf gibt es nur eine Antwort: Sie ist nicht etwa deshalb von Bedeutung, weil sie, wie Descartes es wollte, die Grundlage für die Konstruktion einer Erkenntnistheorie oder gar der Wissenschaft abgeben könnte, sondern weil sie uns die einzige direkte Intuition der Existenz bereitstellt. Darüber hinaus läßt sich nichts aus dem *Cogito* ableiten. Wenn wir das *Cogito* als einen paradigmatischen Fall betrachten, der die Existenz intelligibel macht, läßt es sich nicht auf die nichtsubjektive Wirklichkeit übertragen. Letzten Endes ist es eben nicht paradigmatisch.

Und wieso ist es überhaupt von Bedeutung, daß wir die Intuition der Existenz haben? Für praktische Zwecke – zumindest hat es den Anschein – ist es nicht von Bedeutung. Die einfachste Antwort auf die Frage »Wieso ist es von Bedeutung?« lautet schlicht: weil viele Menschen dieser Ansicht sind; nicht anders verhält es sich mit den verwandten Fragen: »Wieso ist es interessant?« oder »Wieso ist es wichtig?«. Wir könnten weiter fragen: Wieso sind die Menschen der Ansicht, daß es von Bedeutung ist? Weshalb sollten wir wünschen, daß das, was wir akzeptieren, nicht bloß akzeptabel ist nach pragmatischen Kriterien – wobei pragmatisch nicht unbedingt im Sinne eines momentanen Nutzens oder eines individuellen Profits, sondern im Sinne langfristiger gesellschaftlicher Vorteile (was immer das sei) zu verstehen ist –, sondern außerdem *wahr* im metaphysischen Sinne?

Alibi. Der Fluch der Zeit

Darauf antwortet Nietzsche, dieses Verlangen nach einer über die Nützlichkeit hinausgehenden Wahrheit sei nur eines der zahlreichen Symptome der menschlichen Schwäche, ein Symptom unserer Unfähigkeit, auf uns selbst zu vertrauen, die Bürde unserer Einsamkeit zu ertragen, unseren Willen als den letzten Grund alles dessen, woran wir glauben, anzuerkennen und einzusehen, daß wir unseren Grund in uns selbst haben und daß keine universale Ordnung der Dinge uns schützt.

Das mag schon sein, nur folgt aus der Annahme, er habe recht gehabt, nicht, daß wir im Unrecht sind, wenn wir uns unsere Schwäche eingestehen; es könnte ja sein, daß das Gefühl der Schwäche nicht nur ursächlich erklärbar, sondern sehr wohl begründet ist in eben jener Ordnung der Dinge, die Nietzsche abtat, um stattdessen das ewige Chaos zu preisen (vor dem ihm zugleich graute), aus dem der in sich selbst wurzelnde, unbezwingbare Wille hervorgehen sollte, ein leerer, inhaltloser Wille. Allerdings war er in diesem Punkt wie auch in den meisten übrigen Bereichen seines Philosophierens nicht frei von Widerspruch: Er glorifizierte den Geist des Zweifels, aber wenn es so etwas wie Wahrheit nicht gibt, kann es auch keinen Zweifel geben. Wenn ich etwas bezweifele, bedeutet das zugleich, daß ich glaube, daß etwas wahr ist, nur kann ich nicht entscheiden, was es ist. Wenn man die Eigenschaft »wahr« abschafft, wird das Zweifeln sinnlos.

Im übrigen folgt aus der Tatsache, daß wir eine Ordnung brauchen, noch nicht, daß es keine Ordnung gibt, auch wenn Nietzsche zu Recht darauf hinweist, daß man Argumenten, die für Überzeugungen vorgebracht werden, welche unseren Wünschen entsprechen, von vornherein mit Argwohn begegnen sollte. Angenommen, wir benötigen eine Ordnung und wir wünschen, daß sie wirklich sei – so spricht das nicht dagegen, daß sie wirklich ist und nicht bloß ein Produkt unseres Wunschdenkens.

Daß das Bedürfnis, in einer geordneten Welt zu leben – einer Welt, deren Ursprung, deren Gesetze und deren Bestimmung wir begreifen können –, nicht bloß eine vorübergehende, historisch bedingte Laune ist, sondern ein dauerhafter Bestandteil unserer menschlichen Konstitution, wird durch die gesamte Geschichte der Religion, die einen permanenten Aspekt der Kultur ausmacht, belegt. Wenn Nietzsche darauf hinwies, daß dieses Bedürfnis aus dem Gefühl der Schwäche entsteht, befand er sich vollkommen in Übereinstimmung mit der christlichen Tradition und wohl auch mit der religiösen Tradition schlechthin. Die entscheidende Einsicht, auf die wir in der religiösen Erfahrung stoßen und die in verschiedenen heiligen Büchern stets wiederkehrt, kann in einem einzigen Wort zusammengefaßt werden: alibi, anderswo.

Daß wir anderswo sind, bedeutet, daß es eine Heimat gibt, zu der wir gehören, daß wir im Exil leben; anderswo zu sein ist eine permanente Bedingung des menschlichen Erdendaseins. Die neuplatonische Philosophie identifizierte das »Anderswo« als Zeit, und Plotin stellte späteren Jahrhunderten eine Einsicht bereit, die denn auch in verschiedenen Versionen immer wieder in der Philosophie aufgetaucht ist, bis in unser Jahrhundert hinein (Bergson, Husserl, Heidegger, Sartre). Allein die Tatsache, daß wir uns in jedem Augenblick in einer »fließenden« Gegenwart (und nicht in der ewigen, göttlichen Gegenwart) befinden und daß der soeben verflossene Moment für immer verloren ist, läuft darauf hinaus, daß wir niemals mit Sicherheit sagen können, was es bedeutet, »zu sein«, denn was wir unmittelbar erfahren, ist nicht das Sein, sondern der unablässige Verlust unserer Existenz im unwiederholbaren »Gewesen«. Da die Gegenwart bei näherer Betrachtung, wie Augustin argumentierte, auf nichts zusammenschrumpft und da das physische Universum, ohne ein Bewußtsein der Zeit, ebenfalls keinen Anteil an der Zeit hat (nämlich kein Gedächtnis und damit keine Vergangenheit), sondern seine Zeit die unsere ist, führt diese Erfahrung zu dem beunruhigenden Verdacht, daß eine so schwer zu fassende und unsichere Idee wie »sein« schlicht über unseren Verstand geht. Darüber könnte man verzweifeln, wäre da nicht ein absolutes Wesen, daß uns unsere Sicherheit zurückgeben und das Gefühl vermitteln kann, daß es schließlich doch eine Ordnung gibt.

Sartre wäre wohl nicht erfreut gewesen, hätte man ihm gesagt, er sei ein unvollkommener Schüler Augustins. Doch was er von Heidegger übernahm, wurzelte tief in der Geschichte der antiken und mittelalterlichen Metaphysik, mit der er selbst wahrscheinlich nicht sonderlich vertraut war. Wenn er etwa sagt, daß eine auf sich selbst bezogene menschliche Existenz niemals mit sich selbst identisch sei oder daß sie wegen ihrer Zeitgebundenheit nicht das sei, was sie ist, so ist das eine solche antike Erkenntnis; sowohl bei heidnischen neuplatonischen als auch bei christlichen Denkern des Mittelalters schien dies logisch eine selbstidentische, zeitlose Identität zu implizieren – das Eine –, weil wir sonst gezwungen wären, die deprimierend unsinnige Schlußfolgerung anzuerkennen, daß »nichts ist«. Sartre lehnte es natürlich ab, mit dem Feuer (d. h. mit der Idee des Absoluten im platonischen Sinne) zu spielen; er begnügte sich damit, die menschliche Existenz als reine Negativität zu definieren und die nicht-menschliche Wirklichkeit als ein undurchdringliches, in sich geschlossenes indifferentes Etwas, über dessen Seinsmodus wir nichts wissen; es sollte nicht eine höhere oder die höchste, die sublimste Form des Geistes sein, sondern vielmehr die Trägheit schlechthin und damit etwas, das als »nichts« zu bezeichnen vielleicht nicht unangebracht wäre. Haben wir es mit zwei Arten des Nichts zu tun, die einander in der radikalen Unfähigkeit zu gegenseitiger Verständigung gegenüberstehen und beide nur negativ definiert werden können, nur als das Gegenteil des jeweils anderen? Sartre scheint die schlichte Tatsache zu übersehen, daß unser Körper ein Bestandteil dieses trägen Seins-an-Sich ist, ja, die Tatsache, daß wir einen Körper haben, scheint ein unbequemes, lästiges Hindernis zu sein, das die Klarheit des Denkens stört, so daß wir, was die kartesianische philosophische Klarheit angeht, besser daran wären, wenn wir uns seiner entledigten.

Das Absolute (1)

Aus den erhaltenen Fragmenten ist nicht zu entnehmen, wie Parmenides zu seinem Begriff des Seins gelangt ist, aber wenn wir uns anschauen, wie man im heidnischen Griechenland und später im christlichen Denken mit seiner Einsicht umgegangen ist, können wir uns nicht dem Eindruck entziehen, daß da so etwas wie ein innerer Zwang gewesen sein muß, der hinter der Suche nach dem Ultimum stand – oder vielmehr nach zwei Ultima, die nicht notwendigerweise identisch sind. Gesucht wird zum einen nach der Ursache oder dem Schöpfer des sichtbaren Universums und zum anderen nach dem sich selbst tragenden, in sich selbst gründenden, logisch notwendigen Grund alles dessen, was kontingent existiert. Das erste *Ultimum* bietet eine Erklärung für die tatsächliche Entstehung der Welt, das zweite macht die Welt überhaupt möglich; das erstere liefert die Antworten auf die Frage: »Woher kommen die Sterne, die Erde, die Planeten und die menschlichen Geschöpfe?«; das letztere läßt uns begreifen, was man in die Frage kleiden könnte: »Wie kann etwas Endliches und Vergängliches überhaupt existieren?« oder »Wenn alles endlich und vergänglich ist – wie ist es möglich, daß alles nicht zu Nichts geworden ist?« Das erste *Ultimum* erschließt sich den Menschen in religiösen Mythen. Das zweite wurde in der Philosophie entwickelt, nachdem diese sich vom Mythos gelöst hatte – so war es zumindest in der europäischen Zivilisation, während es sowohl in der wedischen als auch in der buddhistischen Tradition den Anschein hat, als seien metaphysische Einsicht und religiöser Mythos gleichzeitig entstanden.

Die philosophische Suche nach dem *Ultimum,* wie sie sich im neuplatonischen Denken entwickelte, offenbarte den gleichen intellektuellen Antrieb, der sich später im ontologischen Argument für die Existenz Gottes und in dem aus der Kontingenz der Welt abgeleiteten Argument zeigen sollte. Wir können diesen Antrieb in einer einzigen Intuition zusammenfassen: Wenn die Welt mehr ist als ein Abgrund, der sich selbst verschlingt, dann muß es etwas geben, das notwendig existiert oder dessen Nichtexistenz ein logischer und ontischer Widerspruch in sich wäre. Diese letztere Unterscheidung ist unerläßlich. Daß die Existenz des *Ultimum* (oder des Absoluten) notwendig ist, bedeutet nicht nur, daß wir Menschen unfähig sind, im Rahmen unserer gewohnten logischen Denkregeln sein Nichtvorhandensein zu denken, denn es ist ja nicht *a priori* gewiß, daß unsere Logik unfehlbar ist; mögen wir auch finden, daß von diesen Regeln ein unwiderstehlicher Zwang ausgeht, so sind wir doch endliche und kontingente Geschöpfe, und unsere Logik könnte nicht weniger kontingent sein. Und aus der Tatsache, daß wir nicht die Wahl haben, ihr nicht zu gehorchen, folgt nicht, daß die letzte Wirklichkeit ihr ebenfalls gehorchen muß. Die Notwendigkeit der Existenz des *Ultimums* bedeutet somit, daß die Existenz für das *Ultimum* selbst und nicht für uns notwendig ist. Unsere Logik enthüllt den inneren Widerspruch, der in der Nichtexistenz des Absoluten bestünde, weil das Absolute tatsächlich widerspruchsfrei ist, und nicht umgekehrt. Wir können diesen inneren Widerspruch natürlich nicht erkennen, ohne uns zuvor auf unsere logischen Normen zu verlassen, deren Gültigkeit anschließend vom Ursprung des Seins abgeleitet wird; der ewige Fluch des Circulus vitiosus ist auch hier wirksam, wie bei jeder Suche nach der letzten Begründung. Doch der Circulus vitiosus ist eine natürliche Folge der schlichten Tatsache, daß wir nicht Götter sind, und das heißt, daß wir mit unserer Suche niemals – vielleicht abgesehen von der mystischen Erfahrung – vom erkenntnistheoretischen Nullpunkt aus, ohne Voraussetzungen, beginnen können.

Nun liegt die Frage nahe: Wenn wir bei all unseren Bemühungen, innerhalb unseres logischen Diskurses zum Absoluten zu gelangen, diesem Teufelskreis nicht entrinnen können, warum erklären wir dann nicht einfach diese Suche zu einer überflüssigen Jagd nach Hirngespinsten und stellen sie vernünftigerweise ein? Genau diese Frage ist von vielen Philosophen gestellt und damit beantwortet worden, daß es in der Tat viel besser sei, diese Sisyphusarbeit aufzugeben. Doch das hat andere nicht davon abgehalten, es zu probieren. Es scheint ganz einfach – und das trotz all der Ankündigungen von Empiristen, Pragmatisten und Skeptikern, daß die endgültige und weltweite Durchsetzung ihrer Betrachtungsweise unmittelbar bevorstehe –, daß die Suche nach dem letzten Grund ebenso zur menschlichen Kultur gehört wie die Leugnung der Legitimität dieser Suche; die Leugnung ist aber, wie ich gezeigt habe, sobald sie philosophisch artikuliert und nicht einfach dadurch praktiziert wird, daß man die Suche aufgibt, nicht minder willkürlich als das, was sie leugnet; sobald man die Leugnung zu begründen sucht, muß man sich logischer und empirischer Regeln bedienen, deren Gültigkeit anfechtbar ist. Es ist ja nicht allein so, daß selbst die mühsamsten und trockensten metaphysischen Untersuchungen insofern nicht vergeblich sind, als sie tatsächlich einen realen, wenn auch oft seltsamen und unvorhersehbaren Einfluß auf den Gang der Weltgeschichte haben können und über verwickelte Umwege das Leben der Menschen verändern (ohne Proklos hätte es keinen Hegel gegeben, und ohne Hegel wäre die Welt von heute nicht, was sie ist). Es geht vielmehr darum, daß es einfach unmöglich ist, im menschlichen Geist das Verlangen nach Wahrheit im landläufigen Sinne auszulöschen, das schlichte und elementare Verlangen danach, zu wissen, was »wirklich wahr« ist, wahr ohne Einschränkungen, wahr vollkommen unabhängig von unserem Denken und Wahrnehmen, unabhängig von unseren praktischen Überlegungen und unabhängig von jeglichem Nutzen. Es ist unwahrscheinlich, daß dieses Verlangen auf das normale und verständliche Bedürfnis zurückgeht, Illusionen von richtigen Wahrnehmungen oder Denkfehler von korrekten Schlußfolgerungen zu unterscheiden. Es kommt täglich vor, daß etwas, was zunächst als wahr erscheint, sich dann als unwahr herausstellt, und für diese Unterscheidung benötigen wir nicht die Idee der »Wahrheit« in dem soeben angeführten metaphysischen Sinne. Unser Geist möchte aber wissen, was wahr ist, selbst wenn es gar nicht darauf anzukommen scheint, er möchte einfach wissen, wie die Welt wirklich ist, und dieses Bedürfnis fällt offenkundig zusammen mit der Idee der Wirklichkeit, die da ist, unabhängig davon, ob sie erkannt und wahrgenommen wird. Nachdem wir einmal erkannt haben, daß es Irrtümer und Illusionen gibt, ist die Frage nach der Wirklichkeit, die auf keinen Fall eine Illusion sein kann, oder nach der Wahrheit, über die keine Irrtümer möglich sind, unausweichlich, und es wird nichts helfen, wenn wir dieses Verlangen als eine Perversion eines richtigen und verständlichen Strebens nach der frugaleren »Wahrheit« verurteilen, nach einer Wahrheit, die wir in praktischen Fragen berücksichtigen müssen und die Bestandteil unseres Gemeinschaftslebens ist. Es ist einfach, aber unproduktiv, das Problem mit einem Achselzucken abzutun und zu fragen: »Warum sollen wir uns darüber den Kopf zerbrechen?«

Das Absolute (2)

Wenn man einmal anerkannt hat, daß das Streben nach WAHRHEIT und WIRKLICHKEIT ein struktureller Bestandteil der Kultur oder des menschlichen Geistes ist, erkennt man unschwer, daß es sich mit nichts Geringerem als dem Absoluten zufriedengeben wird. Keine Teilwahrheit, sei sie empirischer oder mathematischer Natur, also keine Wahrheit, die für uns erreichbar ist, kann als vollkommen gewiß und für immer unangreifbar gelten, es sei denn, wir könnten sie als Bestandteil der ganzen Wahrheit begreifen; erstens, weil wir niemals sicher sein können, wie die ganze Wahrheit den Sinn einer Teilwahrheit verändern oder ihren Geltungsbereich einschränken könnte; zweitens, weil wir niemals zur Erkenntnis einer Teilwahrheit gelangen, ohne dabei gewisse Voraussetzungen oder Regeln zu benutzen, von denen unser Denken oder die Art, wie wir unsere Erfahrung ausdrücken, sich leiten lassen, und diese Regeln und Voraussetzungen, so unzweifelhaft sie auch erscheinen mögen, nicht in sich selbst gründen; man kann stets nach ihren Gründen fragen, und dieses Fragen ist unbegrenzt. Eine Teilwahrheit könnte daher nur in WAHRHEIT übergehen, wenn sie mit einer Teilwahrheit, die ein Bestandteil oder ein Aspekt der ganzen Wahrheit ist, zusammenfällt, nur dann, wenn sie von dem unfehlbaren Auge des allwissenden Subjekts als Wahrheit erkannt wird. Um die Forderung der Allwissenheit zu erfüllen oder um der Ort der Wahrheit im uneingeschränkten Sinne zu sein, muß dieses Subjekt alles sein, was es weiß, und vollkommen selbsttransparent sein, denn jede Distanz zwischen ihm und dem, was es weiß, würde die Gewißheit und die Ganzheit zunichte machen. Falls es eine Wahrheit in diesem Sinne nicht gibt, gibt es keine Kriterien, nach denen das Wirkliche sich vom Unwirklichen unterscheiden ließe, ja, diese Unterscheidung kann nicht einmal mehr ausgesprochen werden; was immer im kontingenten Sinne wirklich ist, ist wirklich unter der Bedingung, daß es etwas gibt, das im nicht-kontingenten Sinne wirklich ist, also etwas, das seinen Grund in sich selbst hat. Dies ist die ausgesprochene oder stillschweigende Grundlage des Neuplatonismus.

Das bedeutet, daß jeder partikulare wahre Satz sich auf das Ganze der Wahrheit bezieht; Wahrheit ist der Bezug eines wahren Satzes; einige platonisierende Logiker (wie Lukasiewicz) akzeptieren das.

Wenn wir einmal bei der in sich selbst gründenden Wirklichkeit, die identisch ist mit der WAHRHEIT, angelangt sind, führt die gleiche platonische Logik unausweichlich zu ihren übrigen Merkmalen.

Sie ist unendlich (qualitativ unendlich, wie die Deutschen zu sagen pflegen). Das heißt, sie kann nicht beschränkt oder gar zerstört werden und folglich nicht von irgend etwas, das nicht sie selbst ist, affiziert werden. Eine logisch notwendige, in sich selbst ruhende Existenz zu genießen, ist in der Tat gleichbedeutend damit, vollkommen unempfindlich zu sein; eine Entität, die Veränderungen erfahren könnte, die durch etwas anderes hervorgerufen wurden, wäre vergänglich und zerstörbar, und das ist natürlich unvereinbar damit, daß sie »unendlich« (d. h. vollkommen autonom) und unverursacht ist.

Folglich gibt es nur eine. Das ist zumindest für das platonische Denken selbstverständlich, denn wenn es mehr als ein Absolutes gäbe, würden sie einander beschränken, und keines würde die Forderung der Unendlichkeit erfüllen. Diese Schlußfolgerung könnte auf den ersten Blick mit der folgenden Begründung angefochten werden: Wenn »Unendlichkeit« bedeutet, vollkommen in sich selbst geschlossen zu sein und von nichts anderem berührt werden zu können, dann gibt es keinen Grund, warum nicht unbegrenzt viele Absoluta in völliger gegenseitiger Indifferenz nebeneinander existieren könnten; jedes wüßte nichts von den anderen, noch würde es durch ihr Vorhandensein gestört. Ein solcher Einwand würde natürlich hinfällig, wenn die Unendlichkeit gleichbedeutend wäre mit Allmacht und somit in eine »quantitative« Unendlichkeit überginge, da mehr als eine allmächtige Entität undenkbar ist. Die Platoniker haben nicht ausdrücklich von der Allmacht gesprochen, aber sie haben alle zu verstehen gegeben, daß zwischen dem Absoluten und der uns bekannten Welt der endlichen Geister und Körper eine reale und intelligible, wenn auch indirekte Beziehung bestehe. Diese Annahme ist zwar schwächer als die der Allmacht, reicht aber gleichwohl aus, um der Hypothese von mehr als einem Absoluten entgegenzutreten; falls das Universum vom Absoluten abhängig ist – was immer das heißt –, kann es in der Tat nur ein Absolutes geben, denn sonst würden zwei oder mehr Absoluta einander beschränken oder miteinander konkurrieren, und damit wäre die Annahme der Autonomie hinfällig.

Wir haben den Punkt berührt, der in der Spekulation über die höchste, in sich selbst ruhende Wirklichkeit stets von entscheidender Bedeutung gewesen ist: Dürfen wir annehmen, daß die endliche Wirklichkeit von ihr abhängt, und wenn ja, in welchem Sinne? Wenn nicht, wie könnten wir überhaupt etwas von der höchsten Wirklichkeit wissen, und warum sollte es nur eine geben? Wenn ja, bleibt sie im Bereich unseres Begriffsvermögens das *Ultimum*, als das wir sie verstehen möchten?

Das Absolute ist, der gleichen platonischen Dialektik entsprechend, reine Aktualität, das heißt, es läßt keinerlei Unterscheidung zu zwischen dem, was es sein kann, und dem, was es ist; es ist alles, was es sein kann. Dies scheint wiederum aus dem bloßen Begriff eines Wesens zu folgen, das, so wie es beschaffen ist, notwendig existieren muß: Es ist unwandelbar, denn notwendig zu sein bedeutet, »vollkommen« im Sinne von »vollständig« zu sein; es ist undenkbar, daß einem Wesen, das unmöglich erschaffen worden sein kann, etwas hinzugefügt oder fortgenommen werden könnte; es läßt sich ebensowenig verbessern oder verschlechtern wie ein mathematisches Theorem.

Das Absolute ist daher nicht von ewiger Dauer, sondern zeitlos. Könnte es sich an die Vergangenheit als etwas Vergangenes erinnern, also an etwas, das war und nicht mehr ist, und könnte es die Zukunft als solche antizipieren, nämlich als etwas, was noch nicht ist und sein wird, müßte es also, um sich selbst zu begreifen, auf Erinnerung und Antizipation zurückgreifen, so wäre es niemals vollständig, niemals ganz, sondern stets gezwungen, in sich zu unterscheiden zwischen dem, was es ist, und dem, was es sein kann. Nochmals: Es ist ebenso zeitlos wie eine mathematische Gleichung.

Es ist jetzt unschwer zu erkennen, daß ein Ausdruck in der obigen Beschreibung korrigiert werden muß. Es wäre falsch zu sagen, daß das Absolute unempfindlich ist und »von nichts, was nicht es selbst ist, affiziert werden kann«, wenn man das so verstünde, als ob es von sich selbst affiziert werden kann. Das kann es jedoch nicht, denn dadurch würde es ebenfalls dem Wandel ausgesetzt und somit unvollständig oder unvollkommen; es ist vollkommen einfach; wäre es das nicht, wäre es aus Teilen zusammengesetzt oder hätte es unterscheidbare Qualitäten, so wäre es nicht notwendig unwandelbar; einige seiner Qualitäten (zum Beispiel der Intellekt und der Wille bei einem göttlichen Wesen – ein paradigmatisches Beispiel in der scholastischen Theologie) oder Teile würden in andere eingreifen oder sie beeinflussen oder gesondert operieren und damit die Vollständigkeit abschaffen. Das Absolute ist so einfach wie ein geometrischer Punkt.

All die Merkmale, die oben angeführt wurden und die allen Studenten der neuplatonischen Tradition und der mittelalterlichen Theologie vertraut sind – Unabhängigkeit, Unempfindlichkeit, Einzigartigkeit, reine Aktualität, Zeitlosigkeit, Einfachheit –, scheinen einander zu implizieren, das heißt, daß keines von ihnen für sich, von den anderen getrennt, behauptet werden kann.

Göttliche Personen und Unpersonen. Ist Gott gut? Cruor Dei

Wenn wir das alles wissen und obendrein erfahren, daß all diese Qualitäten von der Hauptströmung der christlichen Theologie Gott zugeschrieben worden sind, geraten wir sogleich in die grauenerregende metaphysische Falle; wie kann das auf diese Weise umschriebene *Ultimum* der Schöpfer sein, dessen Wort die Welt entstehen ließ, und wie können ihm Güte, Liebe oder Wohlwollen in irgendeinem erkennbaren Sinne zugeschrieben werden? Wie kann es eine *Person* sein?

Wer Plotin gelesen hat, weiß, daß das, was er »das Eine« nennt, gewisse schwache Spuren eines personalen Lebens trägt. Während es namenlos ist (*Enn.* V, 3:13; VI, 9:5), und zwar dermaßen namenlos, daß man eigentlich nicht einmal die Worte »Eine« (V, 4:1) oder »ist« (VI, 8:8) auf es anwenden kann, ist das sich selbst genügende Eine zugleich die Güte selbst (II, 9:1), ist es Liebe (VI, 8:15) und ist es der natürliche Ort, zu dem wir zurückkehren möchten (VI, 9:9), mögen wir unser Verlangen auch noch so schwach wahrnehmen; es ist unser letzter Schutz oder gar unsere eigene Natur, die uns dadurch verhüllt wird, daß wir Kontakt mit der Materie, d. h. mit dem Bösen, haben.

Proklos identifizierte das Eine mit dem Guten, doch geraten die Leser seiner *Elemente der Theologie* in Verlegenheit, wenn sie herauszufinden versuchen, worin diese Güte bestehen soll. Für ihn ist eine Sache axiomatischer Gewißheit, daß alles, was differenziert ist oder aus Teilen zusammengesetzt, dem Einen nachgeordnet ist; es scheint also gerade das Vorhandensein der Vielfalt zu sein, was die Wirklichkeit des Einen begrifflich sichert. Später erklärt er, das Gute sei die erste Ursache, und seine Wirklichkeit sei durch die Tatsache erwiesen, daß Dinge Ursachen haben müssen und die Reihe der Ursachen nicht unendlich sein könne. Es wird jedoch nicht erklärt und kann sehr wahrscheinlich auch nicht erklärt werden, warum die erste Ursache gut sein sollte, da das Gute, das axiomatisch mit dem Wesen koextensiv (oder »transzendental« im mittelalterlichen Wortsinn) ist, eine nicht-relative Qualität zu sein scheint.

Nachdem die scholastische Lehre diesen eigentümlichen neuplatonischen Begriff der Güte übernommen hatte, wurde er auf die Person Gott übertragen, und damit wurden unserem Geist weitere Mysterien aufgebürdet. Nach dieser Lehre ist Gott in dem Sinne gut, daß er sich wohlwollend um seine Geschöpfe kümmert, aber das ist nicht der Grund, warum er gut ist; die Güte, deren Zeugen wir sind, ist lediglich ein Ausdruck der ihm innewohnenden Güte, die nicht durch seine Haltung uns gegenüber definiert ist; Gott wäre, anders gesagt, auch dann vollkommen und unwandelbar gut, wenn er ein müßiges Absolutes geblieben wäre und nichts hervorgebracht hätte. Dies scheint unsere Sprachgewohnheiten zu verletzen, nach denen »gut« ein relatives Merkmal ist und eine Intention voraussetzt, die sich auf etwas oder jemand anderen richtet; eine in sich ruhende, nicht-intentionale Güte, die dennoch aktuell und nicht potentiell ist, scheint unser Begriffsvermögen zu übersteigen. Wenn entgegnet wird, Gottes Wohlwollen uns gegenüber (vorausgesetzt, es sei empirisch und unwiderleglich bewiesen, woran manche zweifeln) sei ein Ausdruck der ihm innewohnenden Güte und somit für uns ein Beweis, daß er an sich gut ist, so ist das eine *petitio principii:* Aus der Güte Gottes, wie sie sich in seinen Werken zeigt, können wir, über diese Werke hinaus, keine Rückschlüsse auf die ihm innewohnende Güte ziehen; sonst müßten wir annehmen, daß er an sich nur potentiell gut ist, und das würde seiner vollkommenen Aktualität zuwiderlaufen. Von der »transzendentalen« zur geoffenbarten Güte gibt es keinen begrifflich legitimen Übergang; von der ersteren kann man, sofern man von ihr weiß, nur *a priori* wissen, und sie läßt sich nicht durch das erwiesene Wohlwollen definieren. Die Kluft zwischen dem Einen, das in sich gut ist, und dem göttlichen Beschützer, der zu uns gut ist, bleibt unüberbrückbar. Kurz, die Güte, verstanden als eine inhärente Eigenschaft des absoluten Wesens, erklärt nicht das Wohlwollen dieses Wesens.

Aber damit hat es noch nicht sein Bewenden. Wir dürfen nicht glauben, daß große Philosophen das Netz ihrer Abstraktionen einfach um ihrer selbst willen spinnen und daß selbst hinter ihren überaus abstrusen Konstruktionen nicht gewichtige Gründe stehen, die sie möglicherweise selbst nicht immer begriffen haben. Die Lektüre von Platos *Parmenides* oder Proklos' *Elementen* (oder auch Hegels *Phänomenologie*) kann einen gewiß zur Verzweiflung treiben; ist der erstere (abgesehen davon, daß er möglicherweise eine Selbstwiderlegung der Ideenlehre ist) vielleicht nur eine Fingerübung in der schwindelerregenden

Dialektik der Begriffe und ohne jeden Bezug zu unserem Leben (oder gar, wie einige geglaubt haben, ein Scherz)? Ist der letztere eine unzusammenhängende und unverdauliche Anhäufung von leeren Abstraktionen, von denen kein Weg zu den gewöhnlichen, allgemein empfundenen Sorgen der Menschen führt? Ich meine nicht. Selbst wenn wir annehmen, daß alles, worauf es in der Philosophie ankommt, schon von den Griechen gesagt worden ist, und uns ohne Murren demütig mit unserer Epigonenrolle abfinden, bleibt dennoch die niemals endende Aufgabe, alte Erkenntnisse in eine Sprache umzusetzen, die für unsere Mitmenschen heute verständlich ist, und das ist wohl auch noch eine ganze Menge.

Die Idee der innewohnenden Güte kann man vielleicht, ganz ähnlich wie viele andere wichtige Begriffe der Philosophie, durch die Erinnerung an ihren hypothetischen mythologischen Ursprung verständlich machen.

Die Götter verschiedener Mythologien sind nicht unbedingt gut, weder in dem Sinne, daß sie zu den Menschen freundlich und hilfreich sind, noch in dem Sinne, daß sie für uns Vorbilder sittlichen Wandels abgeben; einige sind gut, andere nicht, und viele offenbaren bei ihren Abenteuern sowohl gute als auch schlechte Seiten. Aber in den Mythologien scheint das Gute stets mit Frieden und Harmonie, das Böse stets mit Krieg, Chaos und Zerstörung zusammenzuhängen. Wenn die Mythen zu metaphysischer Spekulation sublimiert werden, besteht eine gleichsam natürliche Tendenz, diese elementaren Einsichten zu vollständiger begrifflicher Konsistenz zu bringen: Ist das Gute gleichbedeutend mit Frieden und Harmonie, so ist das vollkommene Gute gleichbedeutend mit vollkommenem Frieden und vollkommener Harmonie, und das wiederum bedeutet die vollkommene Abwesenheit von Spannung und damit letztlich die absolute Undifferenziertheit und Immobilität oder das Eine. Je mehr Einheit, desto mehr Güte: Das ist für Proklos und die Platoniker ein unanzweifelbares Axiom. So büßt das Gute, wenn es den Punkt der Vollendung erreicht, jede erkennbare Qualität von Güte ein; mit der Erreichung der Vollkommenheit schwindet die Güte. Da das Eine in seiner totalen Einheit unzugänglich bleibt, scheint es von jeder Wirklichkeit außer ihm selbst getrennt zu sein. Leben bedeutet – zumindest in dem Sinne, wie wir es zu denken vermögen – Differenzierung und Spannung; vollkommenen Frieden erreicht man, wenn man die Leblosigkeit erreicht.

Das Absolute, das den Akt der Existenz überhaupt erklären sollte, wird somit durch seine eigene Vollkommenheit auf die Nichtexistenz reduziert und versinkt in Bedeutungslosigkeit. Dadurch, daß es höchste Wirklichkeit ist, verwandelt es sich in Unwirklichkeit.

Das schmerzlichste Problem des Neuplatonismus besteht in der Tat darin, daß er nicht zu erklären vermag, wie das Eine schöpferisch und für das sichtbare Universum verantwortlich sein kann; so zahlreich auch die Zwischenstufen oder Emanationen sein mögen, die den Raum zwischen seiner unaussprechlichen Einheit und der elenden Welt, in der wir wohnen, ausfüllen – der erste Schritt, der vom Absoluten hinab zu irgend etwas führt, das weniger als absolut ist, bleibt zwangsläufig mysteriös oder einfach unmöglich.

Proklos bezeichnet das Eine und das Gute gleichermaßen als *arche* und als die erste Ursache von allem. Es ist, indem es das Gute selbst ist, jenen sich selbst genügenden Entitäten überlegen, die lediglich (adjektivisch) gut sind. Die Hierarchie des Seienden ist definiert durch die Beziehung der Abhängigkeit oder Teilhabe: Die unteren Stufen haben teil an den höheren; und dennoch kann an der letzten Wirklichkeit, dem Einen, nichts teilhaben. Wie die

Seinsstufen im einzelnen aufeinander folgen, ist nicht eindeutig klar, aber das ist ziemlich bedeutungslos, wenn wir mit dem Rätsel des Eschaton ringen. Nach dem ersten Prinzip kommen offenbar die Götter oder göttliche *Henaden,* dann das Sein, das Leben und der *Nous* oder Geist, aus dem der Kosmos hervorging. Die Götter lassen geringere Prinzipien an ihrer Güte teilhaben, doch nichts kann an dem Ersten teilhaben. Proklos scheint nicht fragen zu können, wie dann das Erste die erste Ursache sein kann. Wir erfahren, daß alle Dinge dem Guten zustreben und es schließlich erreichen, nachdem sie alle Zwischenstufen auf der ontischen Leiter durchlaufen haben und auf diese Weise den ewigen, sich ewig bewegenden Kreislauf der Schöpfung vollenden: von der ersten Ursache hinab zu den untersten Seelen und wieder zurück zur ersten Ursache. Und doch enthält dieser protohegelianische Zyklus nichts, was die begriffliche Kluft zwischen dem Ersten und dem Rest ausfüllen könnte: nicht nur, weil das in sich geschlossene Erste keinen Grund haben kann, aus sich herauszugehen, sondern auch, weil dies ontologisch unmöglich zu sein scheint, denn alle Geschöpfe nehmen per definitionem etwas vom Schöpfer, haben teil an ihm oder erhalten etwas von ihm, und genau das wird schon durch den Status des Einen unmöglich. Darüber hinaus behauptet Proklos – durchaus folgerichtig –, daß zwar die göttlichen Dinge, die unserem Verstand verschlossen sind, gleichwohl von geringeren, abhängigen Entitäten erkannt werden können, daß aber das eine Erste vollkommen unerkennbar sei. Wenn das stimmt, müssen wir annehmen, daß es nicht nur unzulässig, sondern durch und durch falsch ist, es als die erste Ursache zu bezeichnen und den Kosmos zu seinem – wie auch immer entfernten – Ausfluß zu erklären. Der Kreis, der weder Anfang noch Ende hat –

kyklon anarchon kai ateleuteton –, kann, wenn man einen inneren Widerspruch vermeiden will, nicht den unbedingten Grund enthalten. Hier von dem Ersten, geschweige denn von der ersten Ursache zu sprechen, ist wahrscheinlich ein Mißbrauch der Sprache, denn das »Erste« ist sinnlos, wenn man nicht ein »Zweites« voraussetzt, während das Eine nichts voraussetzt.

Die hierarchische Ordnung der Dinge von dem Einen bis hin zur Materie ist nicht im platonischen Sinne als eine zeitliche Abfolge zu verstehen, noch ist sie eine Reihe von rein logischen Beziehungen, an die wir gewöhnlich denken, wenn von Deduktion die Rede ist. Sie ist eher eine »phänomenologische« Abfolge (im Hegelschen Sinne), die man vielleicht als eine Kausalität ohne Zeit und ohne Energieaustausch bezeichnen könnte. Und doch ist es selbst mit dieser Einschränkung unbegreiflich, wie das vollkommen isolierte Eine die Ursache von irgend etwas sein kann, wenn man bedenkt, daß es unwandelbar undifferenziert und seine Güte bloß ein anderer Name für seine Einheit ist und dieser Name *a priori* bekannt ist. Wenn Einheit ein notwendiges Merkmal einer Wirklichkeit ist, die unmöglich erschaffen worden sein kann, dann sollte man meinen, daß die Unmöglichkeit, erschaffen zu werden, gleichbedeutend ist mit der Unfähigkeit, ihrerseits etwas zu erschaffen. Ist Gott, so verstanden, zur Unfruchtbarkeit verdammt?

Vielleicht können erneut mythologische Bilder unseren dürftigen begrifflichen Instrumenten zu Hilfe kommen. In zahlreichen archaischen kosmologischen Mythen geht das Universum aus einem Urgott hervor, der zerrissen wird, einem Märtyrer-Gott, der sich im Akt der Schöpfung selbst aufopfert. Diese göttliche Selbstopferung erklärt den Ursprung des Kosmos, aber um den Preis der Unwandelbarkeit des Schöpfers. Der Kosmos wird zum *cruor Dei,* zu Gottes Blut, einem Ergebnis seines unendlichen, selbst auferlegten Leidens.

Dieser in den archaischen Kosmogonien verschiedener Zivilisationen häufige Topos scheint natürlich ganz und gar unvereinbar zu sein mit einer Religion eines einzigen Schöpfergottes. Aber klingt nicht ein Echo dieses Mythos in dem christlichen Bild vom göttlichen Logos an, der durch ein freiwilliges Selbstopfer die Welt erneuert und ihre ursprüngliche Unschuld wiederherstellt? Bekräftigt die Theologie des Kreuzes und der Erlösung nicht diese tief verwurzelte mythologische Einsicht, daß ein wirklicher Schöpfer ein *leidender Gott* und damit ein Gott sein muß, der seine Göttlichkeit verleugnet, so wie Jesus Christus sie verleugnete, indem er Menschengestalt annahm?

Gewisse ketzerische oder quasi ketzerische Tendenzen im christlichen Denken sind weiter gegangen und haben versucht, den Mythos vom blutenden Gott zu assimilieren, um mit der Unvereinbarkeit fertigzuwerden, vor der die Theologie unausweichlich stand, nachdem der biblische Gott mit dem Ersten Prinzip des Proklos verschmolzen war. Meister Eckharts Gott, der sich in die Welt projiziert und so »etwas« wird, verwundet sich gewissermaßen, um in der menschlichen Seele geboren werden zu können.

Damascius und zwei Arten des Nichts

Es gibt zwei große Neuplatoniker, die so weit wie nur irgend denkbar gegangen sind in dem Versuch, das Eine aller menschlichen oder persönlichen Züge zu entkleiden und dennoch die Idee der Schöpfung zu bewahren: Damascius und Spinoza.

Damascius, der letzte Vorstand der Akademie, bis diese im Jahre 529 von Kaiser Justinian geschlossen wurde, ist selbst unter Philosophen noch immer *merum nomen,* wenn man einmal von jenen absieht, die sich speziell mit dem neuplatonischen Denken befassen. Verfasser des letzten bedeutenden Werkes heidnischer Philosophie in Europa, liefert er uns wohl das abschließende, vollendete Produkt eines ganzen Jahrtausends der Spekulation über den letzten Grund (tatsächlich eines ganzen Jahrtausends, wenn man bedenkt, daß Parmenides' Höhepunkt nach verbreiteter Annahme etwa in das Jahr 475 v. Chr. fiel). Seine *Probleme und Lösungen* (auch: *Über die Prinzipien*), ein ungeheuer langes und hoffnungslos chaotisches Werk, vermeiden, sofern das möglich ist, noch konsequenter als Proklos' *Elemente* jede Berührung mit einer sei es physischen, sei es geistigen Wirklichkeit, zu der wir einen intuitiven Zugang haben könnten; der Autor scheint nicht nur, wie Plotin, den Körper zu verabscheuen, sondern auch das Leben, und sich im Himmel reiner »onta« zu bewegen, die aller Merkmale beraubt sind außer dem bloßen Akt des Seins.

Damascius geht wie selbstverständlich von dem beständigen platonischen Dogma aus: Die Tatsache, daß es viele Dinge gibt und nicht eines, verlangt eine Erklärung, und die Erklärung wird notwendigerweise geliefert von etwas, das keine Pluralität enthält, also von dem Einen; daß das Mannigfaltige keine ursprüngliche Wirklichkeit sein kann, daß das Eine wirklich ist, ja, daß es auf höchste und einzigartige Weise wirklich ist, scheint im neuplatonischen Denken fast eine tautologische Wahrheit zu sein.

Und doch ist das Eine nicht das *Ultimum,* nicht das Letzte und das Höchste. War für Plotin das Sein des Parmenides eine sekundäre Ebene, über die das unaussprechliche Eine die gesamte Hierarchie der Wirklichkeit wölbt, so wird in der Spekulation des Damascius das Eine oder die Erste Ursache ihrerseits sekundär und unterhalb der namenlosen Dunkelheit angesiedelt, die von keinem Begriff, keinem Denken, keiner Intuition je erreicht werden kann.

Dieses Streben nach immer höheren Ebenen des Seins kann, wenn das soeben erwähnte Dogma einmal anerkannt ist, schon mit der Natur der Sprache erklärt werden. Wenn wir, und sei es negativ, über das Erste Prinzip sprechen, bedeutet das natürlich, daß etwas über es gesagt werden kann und daß es letzten Endes doch nicht absolut unsagbar ist, und das veranlaßt uns, nach einem Prinzip jenseits des Ersten zu suchen, und dieses neuentdeckte Prinzip wird so unsagbar sein, daß es sogar falsch wäre, es unsagbar zu nennen. Leider wird die Suche niemals enden; selbst wenn man sagt, daß es unangemessen sei, dem *Ultimum* Unsagbarkeit zuzuschreiben, tut man ja nichts anderes, als ihm ein weiteres Prädikat anzuheften; »so unsagbar sein, daß es nicht möglich ist, unsagbar genannt zu werden« ist nicht minder ein Prädikat als »unsagbar sein«. Schweigend kann man nicht sprechen – so einfach ist das. Wenn wir sagen, eine Wirklichkeit sei völlig unsagbar oder völlig unerkennbar, geraten wir unvermeidlich in die Antinomie der Selbstbezüglichkeit. Das war Damascius bewußt (wie vor ihm übrigens Augustinus), doch fand er keine andere Lösung, als das *Ultimum* durch die doppelte Verneinung (Unsagbarkeit jenseits der Unsagbarkeit) zu beschreiben, womit er wieder die gleiche Antinomie erzeugte. Hätte es nach Damascius einen Philosophen gegeben, der seine Gedanken fortgesetzt hätte, so würde er wohl versucht haben, eine noch höhere Ebene der Wirklichkeit zu ersteigen, um das Paradoxon zu vermeiden; theoretisch ließe sich dieser Prozeß unbegrenzt fortsetzen.

Indem er nach etwas sucht, das höher wäre als das Höchste, verdoppelt Damascius in Wirklichkeit nur die Ungereimtheit: Das Heraustreten der Dinge aus dem Einen ist ebensowenig verständlich wie das Heraustreten des Einen aus dem absolut Unsagbaren. Das Eine ist per definitionem vollkommen einfach, es hat keine Beziehungen zu irgend etwas anderem und auch nicht zu sich selbst (*Über die Prinzipien*, 13). Es ist unerkennbar; es kennt weder irgend etwas außer seiner selbst (höher oder tiefer), noch kennt es sich selbst (26), aber die Tatsache, daß es nicht erkannt werden kann, kann erkannt werden (6); es ist die Erste Ursache von allem, was die Vermutung nahelegt, daß es seine metaphysische Nachkommenschaft braucht. Damascius bemerkt sogar den Widerspruch und versucht ihn umständlich wegzuerklären: Das Eine als solches braucht nichts, nicht einmal sich selbst (da es keine Beziehungen zu sich selbst hat), um zu sein, was es ist; als das schöpferische Erste Prinzip braucht es jedoch etwas anderes (13). Damascius enthüllt damit die verwirrende und wahrscheinlich unheilbare Widersprüchlichkeit, die dem Begriff des schöpferischen Absoluten anhaftet. Der schöpferische Gott der christlichen Tradition ist Liebe, und wir bringen Liebe leicht mit Fortpflanzung in Zusammenhang, aber wir sind niemals sicher, wie die Liebe, die ein Bedürfnis nach jemand anderem als einem selbst einschließt, mit dem vollkommenen In-sich-geschlossen-Sein und der Selbstgenügsamkeit des absoluten Wesens zu vereinbaren ist. Doch von Liebe oder Wohlwollen ist bei dem Einen des Damascius keine Rede: Es ist offenbar der bloße Akt, das Eine zu sein und sonst nichts. Bei Damascius findet sich allenfalls eine Andeutung der mystischen *henosis:* Das Eine, obzwar nicht absolut unsagbar, kann nicht durch Worte ausgedrückt werden, nicht einmal negativ; es kann nicht geortet werden (was offenbar heißt, daß es unmöglich sei, es mit Hilfe anderer Begriffe zu definieren), und was unser Geist erreicht, wenn er sich dem Einen nähert, ist nicht mehr Erkenntnis, sondern Vereinigung (49). Das klingt ohne Zweifel sehr platonisch. Aber Damascius bemüht sich nicht, diese Vereinigung zu erläutern. Auch findet sich kein Hinweis darauf, daß das, was er meint, eine liebende Vereinigung sei: Liebe, Barmherzigkeit, Wohlwollen, Güte, Erlösung sind aus seinem Diskurs verbannt, ebenso wie das Böse. Die Schöpfung und somit das Heraustreten des Mannigfaltigen aus dem Einen ist ontologisch notwendig, und das Eine ist, da es einfach ist, in einem gewissen Sinne alles (nicht unähnlich dem christlichen Gott) (91 *bis*), beziehungsweise macht es jedes geschaffene Sein zum Ein-allen (35). Streng genommen ist es unangebracht zu sagen, die Dinge träten aus dem Einen hervor, aber auch, sie täten es nicht; das Eine tut nichts, und es ist nur die Dürftigkeit unserer Sprache und unseres Denkens, die uns sagen läßt, daß das Eine erschaffe; dieses Erschaffen ist völlig verschieden von allem, was wir zu begreifen vermögen (39). Letztlich reichen unsere Begriffe weder an das Hervortreten der Dinge aus dem Einen heran – gleichgültig, wieviele Zwischenschritte erforderlich sein mögen, um von ihm zur Materie herabzusteigen – noch an ihre letztendliche Rückkehr in das Eine, die beiläufig erwähnt wird (34).

Es sind die merkwürdigen Zweideutigkeiten des Einen, wie wir es begreifen – sein schöpferisches Ungenügen an sich selbst und zugleich seine müßige Selbstgenügsamkeit –, die Damascius zwingen, nach einem anderen Prinzip zu suchen, das in keiner Hinsicht irgend etwas braucht, das noch nicht einmal ein Prinzip ist, keinen Namen hat und uns auf keine Weise, wie indirekt auch immer, einen Einblick in sich selbst gewähren kann.

Es gibt kein geeignetes Wort, um es zu benennen. Wir

können nicht sagen, es sei höher als alles andere, da »höher sein« eine Beziehung zu etwas impliziert, während hier von keiner Beziehung gesprochen werden kann. Es ist so unsagbar, daß es unangemessen ist, es unsagbar zu nennen (24, 5, 444); aus dem gleichen Grunde ist es falsch zu sagen, daß es zu seiner Natur gehöre, unbegreifbar zu sein (7); es kann noch nicht einmal von dem Einen erkannt werden, denn durch ein solches Erkennen würde das Eine sich spalten und somit sich selbst zerstören (26). Weder eine Ursache noch ein Prinzip, ist dieses Eschaton nichts; Damascius sagt tatsächlich, es sei das Nichts oder das Nicht-Ding, das Nicht-Sein (7). Seine Unzugänglichkeit ist total und ihrerseits unaussprechlich; angesichts dieser Superunwissenheit (bei Damascius heißt es: *hyperagnoia* – 29) kann nur absolutes Schweigen empfohlen werden (5, 13). Es läuft darauf hinaus, daß von allen ungeeigneten Worten, um das Eschaton zu benennen, »nichts« am wenigsten ungeeignet ist.

Bei mehreren Gelegenheiten (so zum Beispiel 4, 7, 443) wiederholt Damascius seine Lehre von den zwei Arten des Nichts: Es gibt ein Nichts, welches das erste über allem ist, einschließlich des Einen und des Seins, und ein Nichts, welches das Unterste, Letzte, Schlimmste ist, und dieses ist es, was unterhalb der Materie liegt (diese scheint noch eine Spur von Sein zu besitzen). Selbstverständlich sind die beiden Präpositionen »über« und »unterhalb« unangemessen, denn sie bezeichnen eine ausdrückbare Beziehung und geben dadurch fälschlich zu verstehen, das höchste beziehungsweise das unterste Nichts sei letzten Endes negativ mit anderen Ebenen der Wirklichkeit verknüpft.

Nachdem er so am Gipfel und am Grund alles Seienden angelangt ist und die Unterscheidung zwischen zwei Arten von Nichts getroffen hat, die beide vollkommen unsagbar sind, gerät Damascius in die nämliche Falle, die zu meiden sein Hauptzweck war: Er definiert negativ, was niemals, wie er sagt, negativ, geschweige denn positiv definiert werden darf. Die Falle der Selbstbezüglichkeit lauert unausweichlich in jedem Bemühen, von dem Unaussprechlichen zu sprechen. Wer etwas als undefinierbar definiert, leugnet, daß es undefinierbar ist. Wer »das absolute Schweigen« empfiehlt, verstößt gerade gegen dieses Gebot.

Damascius verwickelt sich in weitere innere Widersprüche. Er verkündet die völlige Unsagbarkeit des Eschaton und die vollkommene Abwesenheit jeglicher Beziehungen, die es zu irgend etwas haben könnte, um dann (8) zu fragen, ob nicht von dem höchsten Nichts etwas auf die Dinge und auf uns übergegangen ist. Er antwortet, es gebe in uns tatsächlich Spuren von ihm; anderenfalls wären wir außerstande, es mit unserem Geist zu denken. Alles hat, wie sich herausstellt, teil an dem Unsagbaren, mit anderen Worten, in allem, was ist, ist etwas Unsagbares enthalten. Mehr noch: Nachdem er jede Kausalität geleugnet hat, die dem Unsagbaren zugeschrieben werden könnte, gibt er jetzt deutlich zu verstehen, daß alles von ihm ausgeht.

So wird das Nichts am Ende zu einem »Prinzip«. Daß die undurchdringliche Dunkelheit der Name für das eine Prinzip – oder den Anfang – des Universums ist, war den ägyptischen Weisen bekannt, aus deren Geheimlehre Damascius, wie er behauptet (125 *quater*), seine Weisheit gesaugt hat.

Von allen Platonikern ist Damascius wahrscheinlich am weitesten darin gegangen, das Eschaton aller personhaften Merkmale zu berauben und die Inkonsistenz zu entfalten, die unser Geist im Umgang mit ihm verrät: Wir stehen unter dem Zwang, über es zu reden, weil unser Geist sich nicht dem Verlangen entziehen kann, an die äußersten

Grenzen des Seins zu gelangen; zugleich sind wir uns dessen bewußt, daß alle Worte und Bilder, mit deren Hilfe wir es zu erreichen versuchen, notwendig falsch sind. Da wir wissen, daß alle Worte, die wir jemals bei dieser Beschreibung verwenden könnten, auf den kontingenten Eigenschaften der Welt der endlichen Dinge beruhen, gelangen wir nach einer Reihe von Verneinungen zu der Idee des Nichts als dem am wenigsten entstellenden Namen für das Absolute. Dort, wo Damascius über das Eine spricht, behauptet er, es sei per definitionem nicht-etwas; jeder Name beziehe sich auf etwas (29 *bis*) und damit (vermutlich) auf das, was durch den Gegensatz zu anderen »Etwas« identifiziert werden kann, während die Natur des Einen nicht negativ von der Natur von irgend etwas anderem abhängen könne.

Man kann gewiß sagen, daß Damascius in dem mühsam errichteten Chaos seines Werkes zu der Vorstellung gelangt, die Hegel später in dem kurzen Satz zusammenfassen sollte: Das reine Sein und das reine Nichtsein sind ein und dasselbe. Gewiß hat Damascius die erwähnte Unterscheidung zwischen zwei Ebenen des Nichts getroffen, aber diese Unterscheidung ist ebensowenig begrifflich ausdrückbar wie ihre Bestandteile je für sich.

Das göttliche Nichts im Christentum

Der Topos des göttlichen Nichts hat sich bei den großen christlichen Neuplatonikern behauptet, nachdem das Eine oder das Unsagbare der heidnischen Ontologen es geschafft hatte, den biblischen Vater zu verschlingen – ohne ihn freilich verdauen zu können. Der Hauptschuldige war zweifellos Pseudo-Dionysius, wer immer er gewesen sein mag. Er hat in kaum zu überschätzender Weise die philo-sophische Geschichte des Christentums beeinflußt. Es ist mehrfach darauf hingewiesen worden, daß der Autor des Buches *Über die göttlichen Namen,* wäre er nicht jahrhun-dertelang fälschlich für den gehalten worden, als der er sich ausgab, nämlich als der erste, von Paulus bekehrte Bischof von Athen (Apg. 17, 54), sich höchstwahrschein-lich seinen unverfrorenen Neuplatonismus nicht hätte lei-sten können, und sein Werk wäre in den Annalen des christlichen Denkens zurückgeblieben als das eines ketze-rischen Sonderlings. Der harmlose literarische Schwindel (vielleicht war es auch nur ein Akt der Bescheidenheit seitens eines kleinen Mönchs, der seine eigenen intellektu-ellen Leistungen lieber einer verehrten Gestalt der Vergan-genheit zuschrieb) gab der europäischen Geistesge-schichte einen anderen Verlauf: Er affizierte das abendlän-dische Christentum unauslöschlich mit dem Geist der hin-duistischen und buddhistischen Weisheit, die nach An-sicht von Historikern den späteren Platonismus beeinflußt hat, wenn man auch kaum etwas über die Wege weiß, auf denen sie nach Alexandria und Athen und auf die dortigen Marktplätze der Ideen gelangt ist. Pseudo-Dionysius gibt sich offenkundig nicht mit der bloßen Behauptung von der Unsagbarkeit Gottes zufrieden. Diese gehörte zu den ge-festigten Lehren des christlichen Glaubens. Der Sinn der Unsagbarkeit ändert sich erheblich, wenn jedes Wort, das über Gott geäußert wird, als gleichermaßen angemessen gilt, oder andersherum: Jedes Wort gilt im Grunde als unangemessen; auf dieser Grundlage ist eine Theologie undenkbar, denn nichts kann über den Schöpfer sinnvoll gesagt werden.

Er geht noch weiter. Wir dürfen über Gott nicht sagen, er habe Vernunft oder Intelligenz, er lebe oder er sei Leben, Substanz, Wahrheit, Geist, Weisheit, das Eine,

Einheit; er ist in der Tat nichts von alledem, was existiert oder nicht existiert (*Myst. Theol.*, Kap. V; *De Divinis Nominibus*, Kap. V). Orthodoxere Kommentatoren, angefangen mit Maximus Confessor, pflegten die Exzesse des Pseudo-Dionysius als eine harmlose Wiederholung der Vorstellung zu erklären, daß Gott »über allem« sei. Aber das ist eine entstellende Verkürzung. Wenn man nicht sagen darf: »Er ist« oder Er sei das Eine, die Wahrheit und das Leben, wenn sich also der christliche Glaube jeder verständlichen Ausdrucksweise entzieht, dann bleibt als die einzige Form des Glaubens nur die Betrachtung des Nichts. Gewiß haben wir die Heilige Schrift, und Dionysius mahnt uns in der Tat (*De Div. Nom.*, Kap. I,2), wir dürften über Gott nichts sagen und denken, was über diese Botschaft hinausgeht. Das ist ein wackeliger, zweifelhafter Kompromiß zwischen Christentum und Neuplatonismus: Wir haben auf der einen Seite in der Welt der Begriffe den namenlosen Abgrund des Nichts, auf der anderen den heiligen Text, der selbst stillschweigend nicht interpretiert werden darf und damit, in seiner rein äußerlichen Wortgestalt eingefroren, unverständlich wird.

Etliche spekulative Mystiker des Mittelalters und der Folgezeit haben Motive von Dionysius aufgenommen. Zu ihnen gehört Nicolaus Cusanus, der in der gleichen, typisch neuplatonischen Weise behauptet, daß die Wahrheit nicht mitteilbar sei (da sie mit Gott zusammenfalle) und man Gott mit keinem Wort, nicht einmal mit dem Wort »unsagbar«, angemessen bezeichnen könne; wenn er nicht als »Nichts« bezeichnet werden könne, so deshalb, weil »Nichts« ebenfalls ein Name sei (*Nihil non est, quia hoc ipsum nihil nomen habet nihili – Dialogus de Deo Abscondito*); wir dürften ihn aber auch nicht »etwas« nennen, weil dieses Wort nur auf partikulare Wesen anwendbar sei. Gott ist demnach »*supra Nihil et aliquid*«, und aus dem eingestandenermaßen unausdrückbaren Glauben wird unversehens ein kultischer Akt ohne erkennbares Objekt. Die wohl suggestivste und knappste Zusammenfassung dieser Lehre ist enthalten in dem bekannten Epigramm von Angelus Silesius: »Gott ist wahrhafftig nichts: und so Er etwas ist: So ist Ers nur in mir, wie Er mich Ihm erkist« (*Cherubinischer Wandersmann*, I.200).

Aus den Untersuchungen von Gershom Scholem (vgl. sein *Über einige Grundbegriffe des Judentums,* 1976) wissen wir, daß das gleiche Problem, wie nämlich der biblische Vater mit dem neuplatonischen Absoluten zu verschmelzen sei, auch die jüdischen Denker des Mittelalters plagen und bisweilen in die ebenso gewagte wie melancholische Vorstellung vom höchsten Nichts treiben sollte.

Wenn erst einmal entschieden ist, daß der Herr der christlichen und jüdischen Tradition in der Tat das Absolute ist, scheint an der Logik dieser Theologie des Nichts kaum ein Weg vorbeizuführen. Ein Theologe, der dem Prinzip der Unsagbarkeit Gottes huldigt und dennoch ausgiebig über ihn spricht, ist oft zu dem Eingeständnis gezwungen, daß Gott, der mit seinen endlichen Geschöpfen keine Eigenschaften gemeinsam hat und im Rahmen eines Diskurses, der lediglich der Welt der Dinge angemessen ist, in keiner Weise, nicht einmal negativ, identifiziert werden kann, notwendigerweise nicht-etwas oder kein-Ding ist. An dieser Stelle versagt die Sprache.

Über alle möglichen Sprachen (1)

Die Sprache könnte in der Tat einen Nervenzusammenbruch erlitten haben, aber das ist, wie wir hoffen dürfen, keine unheilbare Krankheit. Wahrscheinlich wird sie ihr niemals endendes Bemühen wiederaufnehmen, ihre eigenen Grenzen zu überschreiten und sich in den unerlaubten Bereich des Unsagbaren hinauszuwagen. Wir leben ohne Zweifel in einer Zivilisation, die der Art, in der wir unsere Worte verwenden, streng bewachte Schranken gesetzt hat, die aber natürlich auch eine Reihe von Auswegen und Kunstgriffen hervorgebracht hat, um die Wächter zu betrügen. Wir wissen nicht genau, woher der unbezwingbare Geist des Absoluten wiederauftauchen und in welcher Form er wiederaufleben wird. Er könnte aus einer ganz unerwarteten Richtung kommen, zum Beispiel von den messerscharf denkenden Physikern und Mathematikern, und gewisse Anzeichen deuten darauf hin, daß er sich durch diese Königspforte einzuschleichen versucht. Er könnte sogar versuchen, sich über die Sprachvergottung der heutigen Philosophie heimlich seinen Weg zu bahnen. Seit wir ein Evangelium besitzen, dessen Prolog sich kurz so zusammenfassen läßt: »Gott ist nur ein Wort, aber das Wort ist Gott«, seit sich herausgestellt hat, daß die Sprache sich in göttlicher Weise selbst konstituiert und damit selbst ihre Geltung begründet, seit wir wissen, daß es Worte sind, wovon die Worte handeln, dürfen wir doch glauben, daß die Worte »Gott« und das »Absolute«, was ihre Sinnhaftigkeit (oder deren Fehlen) betrifft, sich nicht von den Worten »Apfel« und »Berg« unterscheiden. Dies könnte sich als der indirekte, wenngleich schmerzliche Weg herausstellen, auf dem Gott und das Absolute ihre legale Präsenz in unserer Sprache erneut bekräftigen und das Wort wieder zu Fleisch wird. Gleiches ließe sich über die pragmatische Mentalität sagen, die, so scheint es zumindest, sich im Reich der Philosophie einer ziemlich robusten Gesundheit erfreut. Das pragmatische Denken einschließlich des utilitaristischen Wahrheitsbegriffs sollte uns aus den Fesseln der metaphysischen Spekulation befreien, indem es die Nützlichkeit zum Maßstab der Geltung erhob. Es ist aber unschwer zu erkennen, daß der Begriff der Nützlichkeit, wie immer man ihn faßt – eng oder weit, psychologisch oder gesellschaftlich –, ein weites Tor öffnet, durch das die besagte Metaphysik und die Theologie triumphierend zurückkehren und ihre Legitimität bekräftigen können, sofern man nur zu begründen vermag, daß sie bestimmten menschlichen Bedürfnissen dienen könnten. Der erkenntnistheoretische Relativismus mancherlei Art, der in der Regel entstanden ist, um die Metaphysik ein für allemal zu beseitigen, tappt in die gleiche schlichte Falle: Er ist imstande, alles zu legalisieren, einschließlich der Metaphysik selbst, wenngleich seine Anhänger selten bereit sind, das zuzugeben.

Dies ist eingestandenermaßen nicht mehr als eine Spekulation. Doch die Erwartung, das Absolute ließe sich auf Dauer aus dem Geistesleben der Menschen verbannen, entspringt wohl dem Wunschdenken hartnäckiger Empiristen. Wir sind unausweichlich Zeit-Erzeuger und damit Selbstzerstörer. Wir haben unausweichlich das Gefühl, daß das, was einmal geschehen ist, nicht mehr sei und daher, wie wir zu vermuten geneigt sind, nicht wirklich sei: Unsere Freuden und Leiden und letztlich wir selbst haben kein eigenes »esse« und folglich überhaupt kein »esse«. Dieses sehr verbreitete Gefühl, dem Dichter, Philosophen, religiöse Denker und Mystiker seit Jahrhunderten unterschiedlichen Ausdruck verliehen haben, ist wahrscheinlich nicht zu unterdrücken, mag man es auch noch so sehr damit abtun, daß es für unsere praktischen oder wissenschaftlichen Anliegen unerheblich sei. Das Streben nach dem Absoluten gibt diesem Gefühl Ausdruck und macht ihm zugleich ein Ende; es offenbart die Angst der Menschen angesichts der Erfahrung der Unwirklichkeit der Welt, angesichts des Gefühls, das sich in den Worten äußert: »Alles Vergängliche ist nur ein Gleichnis«, und es hebt, wenn ich so sagen darf, gerade diese Erfahrung wieder auf, indem es auf ein notwendig existierendes Sein verweist, das zeitlos und Eins ist, ein Sein, das der vergänglichen Welt der Erfahrung großzügig wieder zum Sein verhilft und alles auf wunderbare Weise erneut wirklich werden läßt.

Doch sobald wir dieses Ergebnis erreichen oder zu erreichen glauben, scheint es sich aufzulösen, weil das Absolute in den grundlosen Abgrund der Unsagbarkeit hineingesogen wird.

Wenn wir auf unseren Weg zurückblicken, bemerken wir, wie nahe wir dem doppelten Nichts des Damascius sind.

Die Zeit als Grundlage der menschlichen Erfahrung läßt sich nicht begrifflich fassen in dem Sinne, daß sie auf noch einfachere Begriffe zurückgeführt wird. Wenn die Zeit als eine endlose Selbstvernichtung wahrgenommen wird, entbehrt die gesamte Erfahrungswelt ihrer Grundlage, und sie versinkt ins Nichts. Das Absolute soll die Welt erlösen, sie vor dem nie beginnenden und nie endenden Tod bewahren: In seiner ewigen Gegenwart bleibt alles bewahrt, wird alles geschützt und erhalten, geht nichts jemals unter; es bildet die letzte Grundlage für die Existenz von allem, es verkörpert die endgültige Unterwerfung der Zeit. Doch um das zu leisten, muß es nicht nur immun gegen die Zeit, sondern vollkommen in sich geschlossen und unteilbar sein; deshalb können wir niemals erfahren, wie das (scheinbare) Nichts des Universums zur Herrlichkeit des Seins in der unvergänglichen Einheit des Eschaton zurückkehrt, ohne daß diese Einheit auseinandergesprengt würde. Und da das Absolute – ebenso wie die Zeit, sein besiegter, aber lebendiger Feind – begrifflich auf nichts anderes reduziert werden kann, ist sein Name, wenn es denn einen gibt, Nichts. Somit errettet ein Nichts ein anderes Nichts aus seiner Nichtigkeit.

Dies ist der Horror metaphysicus.

Risum teneatis. Die Menschheit in der ganzen Vielfalt ihrer Zivilisationen ist niemals imstande gewesen und wird wohl auch nie imstande sein, sich ihrem Verlangen zu entziehen, der Zeit zu entrinnen. Wird der kulturelle Ausdruck dieser Sehnsucht der mythologischen Symbole entkleidet, um zu ihrem abstrakten Kern, ihrem buchstäblichen Wesen vorzudringen, so versinkt sie in lähmender Stummheit. Das Verlangen ist deshalb jedoch nicht weniger authentisch, und es gibt keinen Grund, die verzweifelten Bemühungen abzutun, ihm mit Hilfe dieses Horrors artikulierten Ausdruck zu geben. Es ist wohl besser für uns, am Rande eines unergründlichen Abgrunds entlangzutaumeln, als unsere Augen vor ihm zu verschließen und schlicht zu leugnen, daß er da ist.

Über die verborgenen Möglichkeiten der Sprache können wir nichts Gewisses sagen. Es ist unwahrscheinlich – und kaum jemand glaubt noch –, daß unsere Sprache ausschließlich von der gewöhnlichen Wahrnehmung lebt: Wäre das der Fall, so hätten die Menschen wahrscheinlich arithmetische und geometrische Verfahren entwickeln können, aber wie hätten sie jemals zur Integralrechnung, zu den Cantorschen Zahlen und zu den nichteuklidischen Geometrien gelangen können? Die Mathematik ist das mächtigste intellektuelle Vehikel, das je ersonnen wurde, um der Zeit zu entrinnen. Es ist jedoch nicht zu erwarten, daß es ihr je gelingen könnte, eine Flucht zu bewerkstelligen, wie das Streben nach dem Absoluten sie verkörperte. Philosophen und religiöse Denker haben die Sprache jahrhundertelang in brutaler Weise gedehnt, gefoltert und vergewaltigt, um ihr ihre versteckten Schätze abzupressen. Viele dieser Angriffe erwiesen sich als fruchtlos, einige jedoch nicht. Sehr wahrscheinlich werden sich die Menschen niemals mit dem vorgefundenen Reichtum ihrer Sprache zufriedengeben, und zwar nicht nur aus trivialen Gründen – weil es zum Beispiel notwendig ist, neuentdeckte und neuhergestellte Dinge zu benennen –, sondern weil sie den Verdacht haben, daß die Sprache, wenn man ihr zusetzt, mehr herausrücken könnte, als sie freiwillig zu besitzen einräumt.

Um es noch einmal zu sagen: Das Absolute, das trotz seiner nicht zu überwindenden Undefinierbarkeit unbestimmt am Horizont all unserer möglichen Sprachen aufragt, niemals genau festgelegt, stets tastend gesucht, kann innerhalb der Grenzen unseres Verstandes nicht als eine Person, nicht als ein Gott gedacht werden; mit ihm ist keine Verständigung möglich oder erforderlich, es kann nicht mit Du angeredet werden. Es ist vielmehr eine symbolische Entität, ein machtloser, aber äußerst wichtiger konstitutioneller Monarch, der das Universum der Dinge, Geister, Ereignisse und Götter mit einer beständigen ontischen Legitimität versorgt, der aber nicht regiert. Wäre es nicht, würde das niedere Nichts uneingeschränkt herrschen. Das *Ultimum* vermag nichts zu erklären, sofern wir »erklären« im üblichen Sinne verstehen; wir können nicht sagen, in welchem Sinne es irgend etwas mit Wirklichkeit, Wahrheit oder Güte ausstatten könnte, aber es ist möglicherweise eine notwendige Bedingung dafür, daß irgend etwas überhaupt wirklich, wahr oder gut sein kann. Wenn der persönliche Gott der wirkliche Herrscher dieses Universums ist, ist er nicht das Absolute – wenigstens nicht in einer Weise, die wir, wie unbeholfen auch immer, ausdrücken könnten. Obwohl wir nicht imstande sind, die Identität sowohl Gottes als auch des Absoluten zu klären, behaupten die hellenisierte christliche Philosophie und einige Mystiker, er sei beides. Um mehr sagen zu können, müßte unser Geist über die Grenzen, die ihm gegenwärtig gezogen sind, hinausgehen und seine sprachlichen Ausdrucksmöglichkeiten entsprechend erweitern. Wir sollten vielleicht nicht so verwegen sein, zu behaupten, dies könne niemals geschehen, weil wir die äußersten Grenzen der Erfahrung und der Sprache erreicht haben.

Wiederverwendung des Cogito (2)

Die Achse des Horror metaphysicus habe, sagten wir, zwei Pole: das Absolute und das Selbst oder *Cogito*. In beiden vermuten wir Bastionen, die den Sinn des Begriffs der Existenz bergen. Versuchen wir, das erstere auf seine vollkommene, durch keinerlei Kontakt mit einer weniger erhabenen Wirklichkeit verunreinigte Form zu bringen, so zeigt sich, daß es in nichts vergeht. Das letztere scheint bei näherer Betrachtung dieses Schicksal zu teilen.

Wir haben versucht, das kartesianische *Cogito* wiederzuverwenden und dabei seinen Anspruch, Quelle jeglicher Gewißheit zu sein, zurückgewiesen, aber vorläufig daran festgehalten, daß es als Paradigma und möglicherweise als unerläßliches begriffliches Instrument dienen könnte, durch das der Akt der Existenz verständlich wird. Die Geschichte der post-kartesianischen Diskussionen bis hin in unsere Gegenwart hat gezeigt, wie brüchig diese Einsicht ist, und diesen zweiten Angelpunkt der Wirklichkeit Schritt um Schritt in die gleiche begriffliche Leere abgedrängt.

Eines der Hauptziele der Kritiker Descartes' war natürlich von Anfang an sein unbekümmertes Übergehen von »ich denke« zu »ich bin eine denkende Substanz (oder ein denkendes Ding)«. *Ego cogito* ist ein normaler, korrekt gebildeter und unverdächtiger Satz. Eine »Substanz« sollte das sein, was auf nichts anderem beruhen kann, und so war das Wort nur als Gegensatz zu »Akzidenz«, »Eigenschaft«, »Qualität« usw. zu verstehen. Es mag eine tautologische Wahrheit sein, daß »ich denke« gleichbedeutend ist mit »ich bin etwas, das denkt«, aber aus dieser Prämisse abzuleiten: »Ich bin ein Ding, dessen Natur ausschließlich das Denken ist« oder »Ich bin eine geistige Substanz«, erschien Gassendi und Hobbes vollkommen unzulässig. Doch Descartes hat die eigene Substantialität des Geistes nicht aus dem bloßen *Cogito* abgeleitet. Er behauptete vielmehr, er könne den Akt der *Cogitatio* (das Wort umfaßt alle Bewußtseinsakte, den gesamten Bereich der Subjektivität) geistig begreifen, ohne notwendigerweise das Vorhandensein des Körpers vorauszusetzen. Wenn die Kritiker einwandten, das *Cogito* könne mit logischen Mitteln auf keinen Fall in eine unabhängige Substanz verwandelt werden und die Tatsache des Denkens sei durchaus zu vereinbaren mit der Idee, daß das Denken nicht mehr als eine Funktion oder Eigenschaft des Körpers sei, standen sie natürlich auf festem Boden, aber sie verfehlten das Wesentliche an Descartes' Entdeckung, wie die anschließenden Diskussionen bald zeigen sollten.

Unbestreitbar konnte das »*Cogito*« nur in der ersten Person Singular ausgedrückt werden, und wenn man es in eine andere grammatische Form umsetzte (Peter denkt, also ist Peter), wurde es offenkundig unsinnig. Descartes selbst erklärte (in der Erwiderung auf die zweiten Einwände gegen die *Meditationen*), daß seine Formel trotz des darin enthaltenen »*ergo*« kein Syllogismus sei, in dem der Obersatz gestrichen worden war, sondern ein einziger Akt der Intuition. Mit anderen Worten: Das *Cogito* lieferte zwar keinen hinreichenden Beweis für das Vorhandensein einer immateriellen Seele, die jeder von uns ist, aber es sollte bekräftigen, daß die Akte des Bewußtseins (oder der »Subjektivität«) absolut irreduzibel sind; was immer mit meinem Körper geschieht, ist gewissermaßen öffentlich, nicht dagegen die Vorgänge, aus denen sich meine Erfahrung meines Körpers (oder anderer Realitäten) zusammensetzt; andere können sie vielleicht erahnen, und ich kann sie beschreiben, aber diese Vorgänge – Wahrnehmungen, Emotionen, Gefühle, Gedanken – bleiben für immer in der unaufhebbaren Abgeschlossenheit meines Selbst eingeschlossen, und sie sind über jeden Zweifel erhaben. All das war natürlich den Kartesianern wie den Antikartesianern bekannt, und ich habe nicht die Absicht, verschiedene Argumente zu erörtern, die darauf zielten, diese Entdeckung der Privatheit der *Cogitatio* zu vernichten; meine Absicht ist nicht, Descartes Rückendeckung zu geben, sondern über das Schicksal des *»Ego-Cogito«* nachzudenken, über die historische Quasi-Unausweichlichkeit, die darauf hinausläuft, daß das *»Ego«* als eine eigene begriffliche Einheit verschwindet.

Wenn ein Kartesianer sagt, daß meine Erfahrung anderen nicht zugänglich sei, meint er damit – und sagt es gewöhnlich auch –, daß sie *mir* zugänglich sei. Dieses »mir« wird also automatisch als etwas verstanden, das von der Erfahrung selbst verschieden ist, aber es ist alles andere als klar, was es ist, einmal abgesehen von der offenkundigen Tatsache einer durchgängigen Erinnerung und abgesehen von der unbestrittenen Berechtigung des Pronomens »ich« innerhalb der Sprache (allerdings gibt es Sprachen, die anscheinend ohne dieses Pronomen auskommen). Man kann versuchen, das ganze Problem auf Humesche Art abzutun, aber man kann nicht dem Pronomen die Legalität absprechen innerhalb einer Sprache, in der es sein Aufenthaltsrecht durchgesetzt hat. Wie soll dieses Recht definiert werden?

Die Verfasser der sechsten Einwände gegen die *Meditationen* machten ganz zu Anfang eine bescheidene und auf den ersten Blick nicht sonderlich erhellende Bemerkung: Um *Cogito ergo sum* sagen zu können, müsse Descartes zuvor gewußt haben, was *Cogito* und was *sum* bedeutet. Descartes verwirft diesen Einwand leichter Hand, indem er sagt, jeder wisse ohne nachzudenken, was gemeint sei, und dieses Wissen sei angeboren. Doch wenn man es recht bedenkt, ist der Einwand vielleicht größerer Beachtung wert. Es mag tatsächlich so sein, daß jeder ohne zu zögern und mit einem Gefühl des Verstehens die Worte *»Cogito«* und *»sum«* verwendet, aber die Sprache, die wir verwenden, ist nicht unbelastet: Jeder Satz, den wir äußern, hat die gesamte Kulturgeschichte, von der die Sprache einen Aspekt ausmacht, zur Voraussetzung. Kein einziges Wort, das sich von selbst verstünde, und keines, das beanspruchen könnte, die Welt, auf die es sich beziehen soll, unverfälscht dem Hörer zu vermitteln. Wie auch immer die Wirklichkeit beschaffen sein mag, die das Wort transportiert – es ist eine Wirklichkeit, die gefiltert wurde durch die dicken Sedimentschichten der menschlichen Geschichte, die wir, wenn auch nicht in unserer bewußten Erinnerung, mit uns herumtragen. Daher hatte Descartes, als er seinen unsterblichen Satz formulierte, kein Recht, erkenntnistheoretische Unschuld, Voraussetzungslosigkeit, vorzuschützen. Angenommen, es gebe eine zugrundeliegende Wirklichkeit (was immer das heißt), selbst angenommen, es gebe eine Erfahrung, durch die wir mit ihr in Berührung kommen, so geht doch die einzigartige Qualität dieser Erfahrung, ihre unverdorbene Frische, die Tatsache, daß sie der göttliche Anfang ist, unausweichlich verloren, wenn sie in Worte gekleidet wird. Sobald wir von ihr sprechen, ist die Welt nicht mehr nackt.

Über Husserl

Aus dem gleichen Grunde war Husserls tapferes Bemühen, das von den Skeptikern zerstörte *Cogito* zu retten, zum Scheitern verurteilt, so genial es auch gewesen sein mag, sich der scheinbaren »Substantialität des Ego« zu entledigen, aber die genuine transzendentale Einsicht Descartes' zu bewahren. Husserl war insofern ein Kartesianer, als für ihn die Frage schlechthin, um deretwillen es sich überhaupt erst lohnte, Philosophie zu treiben, lautet: Was kann bezweifelt werden und was nicht? Das Ego verwarf er als eine »Substanz«; es war nach seiner Ansicht nicht mehr als ein Rest, den Descartes festhalten wollte, nachdem die Welt als ganze fraglich geworden war. Wenn wir den natürlichen Glauben an die Existenz der Welt suspendieren (oder in Klammern setzen), müssen wir das »psychologische Ich« – als eine »Substanz« oder als eine Folge von Ereignissen, die in der Welt geschehen – gleichfalls suspendieren. Die verbleibende Welt ist eine Ansammlung von Bedeutungen, die es zu untersuchen gilt, nicht von Dingen oder Ereignissen, wie wir sie normalerweise verstehen. Das gereinigte transzendentale Ich, das Bedeutungen in sich aufnimmt, kann in keinem erkennbaren Sinne eine Substanz sein, einerseits, weil es sich ebenso wie die Welt innerhalb des Bewußtseins befindet, und andererseits, weil es notwendigerweise intentional, auf etwas anderes gerichtet ist. Die Unterscheidung zwischen einem Erkenntnisakt und seinem Gegenstand ist nicht aufgehoben, aber da sie beide »im« Bewußtsein vorliegen, kann der Gegenstand transparent werden, selbst wenn der Prozeß des Befragens und Interpretierens unendlich ist. Descartes hatte aus dem Akt des Denkens eine Substanz abgeleitet und konnte sich vorstellen, daß dieser Geist, ein Teil des Universums, nicht darauf angewiesen ist, sich in einer Bewegung der Intention auf einen Gegenstand zu richten; er ist einfach da, gleichgültig ob er sich auf etwas anderes projiziert oder nicht; er gelangt zur Selbstgewißheit im Akt der Selbsterkenntnis. Für Husserl jedoch ist das Ich kein unbewegliches Ding: Auf etwas gerichtet zu sein, ist ein unverzichtbares Merkmal seiner Konstitution.

Nachdem die »Substantialität« auf diese Weise beseitigt ist, ist nicht ganz klar, was Husserl vom Ich gerettet hat und was an diesem Überrest ichhaft ist; ebensowenig wissen wir, was das Bewußte an dem transzendental reduzierten Bewußtsein ist, das beide Pole umfaßt: das gereinigte Subjekt der Erkenntnis und das unendliche Universum der Bedeutungen, Pole, die notwendig miteinander zusammenhängen. Das Ich scheint nicht mehr zu sein als ein leeres Behältnis für entwirklichte Phänomene oder eine bloße Intentionsbewegung, ein Akt ohne Akteur.

Dieser neue philosophische Glaube sollte uns noch einmal zum erkenntnistheoretischen Eschaton führen, zu einer absolut ursprünglichen Quelle der Erkenntnis; diese Erkenntnis setzte nichts außer sich selbst voraus und war folglich ebenso notwendig wie Gott. Doch für diese Erkenntnis mußte ein ungeheurer Preis entrichtet werden; das »Ich« verschwand, vom Namen abgesehen, und das Universum wurde reduziert auf Bedeutungen, die letzten Endes gerade diesem »Ich« entsprangen: zwei Nichtse, die einander stützen. Wir haben das kognitive Absolute erreicht, indem wir es von Wirklichkeit entleeren.

Das angesichts dieser Schlußfolgerungen allgemein empfundene Unbehagen führte nicht so sehr dazu, daß man erneute Bemühungen unternahm, um auf dem Weg zu dem festgehaltenen Ziel voranzukommen, sondern vielmehr dazu, daß man das Ziel selbst aufgab oder erklärte, Descartes und Husserl hätten ihre Fragen falsch formuliert. Heidegger fragte nicht nach dem unbedingten

Ursprung der Erkenntnis, er sprach nicht von Bewußt-sein, Sinnesdaten, Substantialität oder Nichtsubstantiali-tät des Ichs, transzendentaler Suspendierung der Wirk-lichkeit der Welt. Er definierte das menschliche Phäno-men weder in psychologischen noch in kognitiven Begrif-fen: Er akzeptierte es als ein unüberwindlich kontingen-tes, in eine kontingente Situation hineingeworfen, außer-stande, durch eine geistige Anstrengung vor der Welt davonzulaufen. Die menschliche Existenz, die jeweils meine ist, kann beschrieben werden in ihren verschiede-nen Beziehungen zu sich selbst, zu anderen und zur Welt, aber sie kann nicht in einfacheren Begriffen definiert wer-den; sie ist eine ontologische, nicht psychologische oder empirische Tatsache, und in ihr ist nichts Letztes, keine Quelle der Gewißheit über sich selbst oder Gott oder das Universum.

Über Merleau-Ponty

Merleau-Ponty versuchte genauer zu zeigen, was sowohl am kartesianischen als auch am Husserlschen *Cogito* falsch war. Er argumentiert (gegen Descartes und im Ein-klang mit Husserl), daß der Akt eines rein auf sich selbst gerichteten *Cogito* einfach nicht vorkommen kann; das läuft darauf hinaus, daß eine rein »innere Person« unserer Erfahrung nicht gegeben ist. Ich kann mich nicht denken, ohne mich in der Welt zu entdecken. Ich kann nämlich durch keine geistige oder intellektuelle Anstrengung die Wahrnehmungen für ungültig erklären oder aufheben, und meine endlichen Wahrnehmungen enthüllen ein ko-gnitives Vermögen, das koextensiv ist mit der Welt und sie Schritt für Schritt enthüllt. Wenn ich keine Gewißheit bezüglich der Dinge habe, kann ich sie auch nicht bezüglich meiner Wahrnehmung haben, denn die Affirmation der Welt ist in der Wahrnehmung enthalten und wird ihr nicht in einem gesonderten intellektuellen Akt hinzugefügt; wenn ich meine eigene *Cogitatio* mit Gewißheit begreife, ist die Welt, auf die sie gerichtet ist, in ihr enthalten. Mit anderen Worten: Meine eigene Existenz kann nicht auf das Bewußtsein dieser Existenz reduziert werden. Im übrigen vernachlässigt Descartes dieser Kritik zufolge die vermittelnde Rolle der Sprache: Sein *Cogito* ist in Worten ausgedrückt, und ich erwerbe die Fähigkeit, Worte zu benutzen, indem ich lerne, wie die Menschen sie im Kontext einer gegebenen Situation manipulieren, ganz ähnlich, wie ich die Benutzung von Werkzeugen erlerne.

Husserl gab zwar, nach Ansicht von Merleau-Ponty, zu Recht das nicht-intentionale *Cogito* auf, das pure, sich selbst begreifende Innere ohne Objekt, doch auch sein idealistisches Ringen mit dem kartesianischen Problem scheiterte. Wenn es tatsächlich das transzendental reduzierte Ich ist, das die Welt begründet (konstituiert), ist nicht anzunehmen, daß einzig Wesenheiten und nicht Hyle, der Stoff der Welt, in diese schöpferischen Akte eingehen. Wenn es nicht möglich ist, die Wahrnehmung zu suspendieren oder aufzuheben, ist es auch nicht möglich, die Welt zu suspendieren. In Wirklichkeit ist mein bloßer Akt der Existenz nichts anderes als die Bewegung, mich selbst zu »transzendieren«, und jeder Akt der Selbstreflexion muß innerhalb dieser Bewegung gesehen werden.

Wenn es wahr wäre, daß ich keinen unmittelbaren Zugang zu irgend etwas außer mir selbst habe, und wenn folglich die Existenz von anderen aufgehoben oder für immer zweifelhaft oder undenkbar oder auf Artefakte des allmächtigen transzendentalen Bewußtseins reduziert wäre, dann wären schon die Tatsache der Kommunikation und die Möglichkeit der Sprache, einschließlich der Sprache, in der das *»ego cogito cogitata mea«* oder »die Voraussetzungslosigkeit« vorkommen, in der Tat unverständlich und unerklärlich.

Daher faßte Merleau-Ponty das Heideggersche »In-der-Welt-Sein« als eine erste, unüberwindliche Gegebenheit auf, die nicht weiter zu erklären war, wenngleich er der Ansicht war, Heideggers Einsicht sei nur möglich gewesen vor dem Hintergrund der transzendentalen Reduktion, die abzulehnen sie beide sich gezwungen fühlten. Letztlich scheint er anzunehmen, auch wenn er es nicht genau so sagt, daß die Frage der »Existenz« der Welt nicht so sehr gelöst oder lösbar oder unlösbar als vielmehr falsch gestellt ist – von Descartes ebenso wie von Husserl. Wir sind einfach nicht in der Lage, solche Fragen aufzuwerfen, da schon der Akt des Fragens voraussetzt, daß wir einen Ort erreichen, der der Wahrnehmung und der Sprache vorausgeht.

Da er jedoch annahm, daß die Wahrnehmung und die Welt sich gewissermaßen zusammen entfalten, so daß die Frage, ob dieser oder jener die Priorität zukommt, sinnlos ist, hätte er zu dem Schluß kommen müssen, daß auch die Frage der Wahrheit im traditionellen Sinne der *adaequatio* sinnlos ist. Aber dann hätte er natürlich vor der Frage gestanden, wie denn überhaupt eine falsche oder täuschende Wahrnehmung möglich ist. Merleau-Ponty tut die Frage allzu leicht damit ab, daß wir an diesem oder jenem Teil der Welt Zweifel haben mögen, nicht aber an dem Ganzen, dessen Fragmente sich in den Akten der Wahrnehmung enthüllen. Hier scheint er sich jedoch in einer selbst gestellten Schlinge zu verfangen, denn da das »Ganze« nicht Gegenstand der Wahrnehmung ist, ist die Affirmation des Ganzen ein intellektueller Akt der Behauptung und keine Wahrnehmung. Die Priorität der Wahrnehmung ist damit aufgehoben; hätte die Wahrnehmung (die die Welt einschließt) absolute Priorität, müßte sie per definitionem unfehlbar sein, wie bei Epikur. Wenn sie korrigiert werden kann, bedarf es eines anderen Tribunals, das gleichrangig ist mit der Wahrnehmung oder über ihr steht. Es dürfte wohl der Intention Merleau-Pontys nicht zuwider laufen, zu sagen, daß dieses Berufungsgericht in Gestalt der Kommunikation zwischen den Menschen tatsächlich besteht, und das heißt, daß über die Wahrheit oder *adaequatio* letztlich durch das Urteil einer Sprechergemeinschaft entschieden wird. Diese pragmatische Lösung würde, wenn man einmal von den Zweifeln absieht, die das in ihr enthaltene Paradoxon der Selbstbezüglichkeit aufwirft, den Vorrang der Wahrnehmung zunichte machen.

Diese Argumente werden angeführt als Bindeglieder in dem Prozeß, der enden sollte mit der Vernichtung des Ichs, das doch eingesetzt worden war als (begriffliche, nicht nur erfahrungsmäßige) Grundlage der Intelligibilität der Existenz.

Die Empiriokritizisten des ausgehenden 19. Jahrhunderts, die die kartesianischen Projekte attackierten, behaupteten – Hume folgend – nicht nur, daß die geistige »Substanz« eine entbehrliche Erfindung sei, sondern daß die Unterscheidung zwischen geistigen und physikalischen Vorgängen nichts anderes sei als eine bequeme Fiktion, die keinen ontologischen Sinn habe; ob ein Vorgang als geistig oder physikalisch beschrieben werde, hänge davon ab, welches seiner Merkmale wir erfassen wollen; ob physikalische Phänomene vom Geist erzeugt werden oder ob umgekehrt die geistigen Zustände eine besondere Kategorie von physikalischen Vorgängen sind, sei eine Frage, die falsch formuliert ist. Wir kennen weder ein rein geistiges, auf sich selbst bezogenes und sich selbst begründendes Innenleben noch eine Erfahrung, die niemandes Erfahrung wäre. Wir kennen die Welt als einen unendlichen Erfahrungsstrom, den wir für praktische Zwecke nach verschiedenen Kriterien wie Zeit, Raum oder Substanz ordnen. Und das genügt sowohl für die Wissenschaft wie für den Alltag. Ontologische Fragen sind nichtig, und Fragen wie »Wie ist die Welt wirklich?« oder »Aus welchem Stoff ist die Welt gemacht?« können legitimerweise nicht gestellt werden. Das Ich wird ebenso zu einem leeren Begriff wie die materielle Substanz, es sei denn, man benützte sie als künstliche Hilfsmittel der Argumentation; einzig spezifische, empirisch lösbare (oder mathematische) Fragen können erlaubterweise gestellt werden, und die Wahrheit im Sinne einer Beziehung zwischen der Welt an sich und unserer Wahrnehmung oder Erkenntnis wird als ein Überbleibsel metaphysischer Vorurteile zurückgewiesen. Der kartesianische Trugschluß verschwindet ebenso wie das Ich.

An dieser Stelle mag eine Abschweifung angebracht sein. Gilson, der sich so große Mühe gegeben hat, die eigentliche »existentielle« Bedeutung von Thomas' natürlicher Theologie herauszuarbeiten und ihre Mißdeutungen durch Kant oder Descartes zurückzuweisen, behauptete, die gesamte Intuition Gottes sei auf den – in den thomistischen (und seinen eigenen) Kategorien – reinen Akt des Existierens und nicht des Schaffens gerichtet. Das »Ich bin, der ich bin« sei Gottes Titel par excellence und natürlich von ihm selbst gewählt. Den christlichen Philosophen, die (wie die Kartesianer, Malebranche eingeschlossen) Gott durch die Idee der Vollkommenheit definieren und aus dieser Definition auf seine notwendige Existenz schließen, statt umgekehrt, ist vorzuwerfen, daß sie eine merkwürdige Diskrepanz zwischen dem Gott der

Philosophie und dem Gott der religiösen Offenbarung erzeugen. Das Wesen des christlichen Gottes ist »sein« und nicht »schaffen« oder »unendlich sein«. Nach Gilson ist die Verirrung in der philosophischen Moderne vor allem darauf zurückzuführen, daß der Akt des Existierens in Vergessenheit geriet. Wie er jedoch selbst bemerkt, beruhte diese Ausschließung der Existenz vermutlich auf der einfachen Tatsache, daß der Gedanke der Existenz, obwohl er vollkommen einfach ist, nicht in Begriffe gefaßt werden kann.

Dies ist wohl das Bedrückendste an der ganzen Geschichte der philosophischen Auseinandersetzungen um das Absolute. Wenn die Intuition des Akts der Existenz tatsächlich sowohl vollkommen einfach als auch vollkommen resistent gegen alle Bemühungen ist, ihren Inhalt begrifflich auszudrücken, müssen wir uns einfach damit abfinden, sie so zu akzeptieren, wie sie ist, als eine irreduzible und ursprüngliche Einsicht, die jeder von Natur aus zu verstehen bereit ist. Es wäre aber merkwürdig, daß eine solche Einsicht, wenn es sie einmal gegeben hat, je in Vergessenheit geraten konnte. Angenommen – und das ist wohl, was Gilson behauptet – daß es Philosophen waren, die, indem sie das Unanalysierbare zu analysieren versuchten, diese ursprüngliche Intuition auseinanderrissen und schließlich umbrachten – kann ihr zerstörerisches Wirken rückgängig gemacht werden? Sollte das der Fall sein, dann wahrscheinlich nicht durch weitere intellektuelle Meditation, sondern vielmehr dadurch, daß man das Philosophieren vollkommen aufgibt.

Das Ego als ein Quasi-Absolutes

Niemand durchstöbert noch den Geist und das Universum auf der Suche nach dem unfaßbaren Gral der unerschütterlichen Gewißheit, und nach allgemeiner Auffassung haben sich sämtliche Entdeckungen, die bei dieser Suche gemacht wurden – sei es nun das *Cogito,* sei es Husserls eidetische Erkenntnis oder seien es die Wiener Protokollsätze –, als Schwindel erwiesen. Wir können nicht zu einer vorkulturellen, vorsprachlichen, vorgeschichtlichen – das hieße: vormenschlichen – kognitiven Unschuld zurück und trotzdem zu ihrer Beschreibung weiterhin unser philosophisches Idiom benutzen. Aber das *Cogito* hat – ebenso durch seine Anhänger wie seine Kritiker – den Lauf der Geistesgeschichte verändert. Gewiß war »der innere Mensch« zur Zeit Descartes' ein gefestigter Lehrsatz der religiösen und mystischen Literatur. Verstärkt wurde er durch Luthers Theologie des Glaubens und durch zahlreiche Propheten des »inneren Wortes«, ob sie ihm nun folgten oder gegen ihn aufbegehrten. Doch diese Entwicklung sollte die irreduzible »Subjektivität« nicht stärken, sondern zermalmen. Sie machte sich den augustinischen Angriff auf den Eigenwillen als die Saat des Bösen zu eigen und radikalisierte ihn. Einerseits wurde dem »inneren Menschen«, der als einziger Erlösung oder Verdammung zu erwarten hatte, der fleischliche Mensch im antikirchlichen Sinne gegenübergestellt: Es ging darum, alle »äußerlichen« Mittel der Erlösung – Werke, institutioneller Beistand, Priesterschaft, Zeremonien, Tempel, Rituale – über Bord zu werfen. Andererseits war es die höchste Aufgabe des inneren Menschen, das Wort Gottes oder einfach Gott in sich selbst zu entdecken, seinen eigenen Willen zu vernichten und in den Zustand völliger Passivität zu gelangen. So erreichte der innere Mensch seine Vollendung, indem er sich selbst wegwarf. Er schaute in sich hinein, nur um Gott zu finden, nicht sich selbst. Descartes jedoch entdeckte die innere Welt nicht, um sie in den göttlichen Seinsgrund zu verwandeln; für ihn sollte sie die Endstufe sein. Sie enthüllte ihm die einzige Welt, die für sich selbst transparent und daher ebenso selbstidentisch war wie das Absolute, aber im Unterschied zu diesem nicht durch abstrakte Überlegungen, sondern unmittelbar zugänglich.

Das kartesianische Ich ist in der Tat ein Absolutes insofern, als es, jeweils einzigartig und ausschließlich mein in sich geschlossenes und selbstreflektiertes Ich seiend, immer sagen kann – wie der biblische Schöpfer –: »Ich bin, der ich bin.« »Ich« bin die reine Aktualität, weil ich in jedem »Jetzt« alles bin, was ich sein kann. Diese Konsequenz des *Cogito* wurde von Descartes nicht aufgedeckt, der dessen Zeitdimension fast gänzlich außer acht ließ; er kannte die Zeit nur als Rahmenbedingung physikalischer Vorgänge, nicht als Lebensform des Geistes. Bergson entfaltete das Ich als eine Bewegung der realen Zeit oder als eine zeiterzeugende Energie. So verstanden ist das Ich reine Aktualität wie das Absolute, aber aus dem entgegengesetzten Grund: Wenn das neuplatonische Eine immer aktuell ist und keine Potentialitäten in sich birgt, so deshalb, weil es eine vollkommen auf sich beschränkte Immobilität ist; das Ich ist dagegen die Mobilität selbst: Es ist ein kontinuierliches Ereignis, dessen Kontinuität durch den unablässig wachsenden Erinnerungsvorrat gewährleistet wird. In der konkreten Zeit, d. h. in einer Zeit, in der die Unterscheidung zwischen Jetzt und Dann und nicht nur zwischen Früher und Später gilt, ist alles Wirkliche nur jetzt wirklich, so daß die Potentialität nie wirklich sein kann. Wenn wir einen Gegenstand oder einen Sachverhalt als potentiell bezeichnen, betrachten wir ihn so, als liege er bereits in der Vergangenheit, sei es, daß er tatsächlich vergangen ist, sei es, daß wir unseren Geist auf einen noch nicht eingetretenen Zeitpunkt projizieren und uns mit Hilfe unserer Vorstellungskraft in die Zukunft versetzen. In der Wirklichkeit des Jetzt – und das heißt: in der einzig »wirklichen Wirklichkeit« – ist alles aktuell. Obwohl ununterbrochen in Bewegung, ist das Ich in jedem »Jetzt« selbstidentisch und daher selbstidentisch schlechthin (anders als in der Zeit der Neuplatoniker, die Selbstidentität unmöglich macht).

Selbstidentisch wie das Absolute, ist das Ich, wenn auch aus entgegengesetzten Gründen, wie das Absolute einzigartig und notwendig. Es ist einzigartig insofern, als es nie, anders als alle anderen empirischen Entitäten, als Exemplar einer Gattung aufgefaßt werden kann, als »etwas«, wovon zwei oder mehr Exempel unter einen Allgemeinbegriff fallen können. Es gibt keinen Begriff des »Ich«, eine Tatsache, auf die Kierkegaard so nachdrücklich hingewiesen hat. Nur mir selbst zugänglich, habe »ich« keinen Inhalt, den ich mit irgend etwas sonst teile, und daher keine begriffliche Möglichkeit, ein Universale zu bilden, das sowohl mich selbst als auch ein Alter ego umfassen würde. Das Absolute ist einzigartig, weil es unendlich, grenzenlos, unempfindlich, zeitlos ist; »ich« bin einzigartig, weil ich die Grenze selbst, die reine Zeitlichkeit bin. Und daß ich notwendig bin, liegt nicht daran, daß schon die *Idee* von »mir« ausschließt, daß ich nicht sein könnte, oder daran, daß ich einen Ursprung habe, sondern daran, daß ich, ausschließlich mir selbst bekannt, unfähig bin, mein Nichtvorhandensein oder die Ursache, die mich zur Existenz gebracht hat, zu denken.

Das kartesianische Ich ist so etwas wie ein Schwarzes Loch: Es kann alles (mit Ausnahme eines Alter ego) aufsaugen, aber nichts kann aus ihm entkommen. Unsagbar und unkommunizierbar, begrifflich unkonstruierbar, kann es mit Recht ein Nichts genannt werden (in Oxford hört man jetzt sogar, daß das Wort »ich« zwar einen Sinn, aber kein Denotat habe).

Über die Entkartesianisierung

Im Rückblick sind wir geneigt, eine unausweichliche historische Notwendigkeit darin wahrzunehmen, wie die kartesianische Welt, nachdem sie in zwei Teile zerfallen war, zwischen denen keine Kommunikation möglich war – das punktförmige Selbst und den homogenen, unendlichen und unendlich teilbaren Raum –, in den folgenden Jahrhunderten angeeignet werden sollte. Das schwer faßbare Ich, ein indifferenter und unerklärlicher Beobachter der Materie, wurde für alle theoretischen Zwecke belanglos und von jenen, die ihre Neugier auf eine Welt richteten, die man erforschen, begreifen und in abstrakten Begriffen beschreiben konnte, leichten Herzens auf den Müll geworfen; Szientismus und Materialismus übernahmen – legitimerweise – eine Hemisphäre (die westliche? die linke?) des kartesianischen Erbes. Von der anderen Hemisphäre ergriffen – legitimerweise – jene Besitz, die vom *Cogito* ausgingen und unausweichlich an ihm haften blieben; teils versetzten sie das Universum in einen prekären Abhängigkeitszustand unter der Herrschaft des Ichs, teils machten sie es sogar zu einer Schöpfung des Ichs.

Durch das Auseinanderreißen der Wirklichkeit wurde der Kartesianismus dazu getrieben, sich selbst zu verleugnen; im Raum gab es keinen Platz für den Geist, und das ewig jungfräuliche Selbst, der Pfeiler der Erkenntnis, hat sich verflüchtigt. Als es versuchte, sich selbst wieder zum

Ganzen zu machen und die Materie zu versklaven, wurde es erneut zu Nichts (von Fichte bis Husserl).

Natürlich leben die Teile der auseinandergebrochenen kartesianischen Welt in einem gewissen Sinne weiter. Die sogenannte »Entdeckung der Subjektivität« (ob es sich wirklich um eine Entdeckung oder um eine Schöpfung handelt, steht auf einem anderen Blatt) gehört zum unveräußerlichen Erbe der Moderne; sie hat im 19. und 20. Jahrhundert immer dann ihre Lebenskraft bewiesen, wenn Menschen sich gegen die »Tyrannei der Universalität« auflehnten und ihr die trotzige Selbstsicherheit der unauflöslichen »Ichheit« entgegensetzten, gleichgültig ob die Universalität im Hegelschen, Husserlschen oder szientistischen Sinne aufgefaßt wurde: Kierkegaard, Schestow oder – als einer unserer Zeitgenossen – Levinas können in dieser Perspektive gesehen werden. Doch sowohl der Szientismus als auch der Widerstand gegen ihn bezogen ihre Energie aus den geteilten Strömen, die der gleichen Quelle entsprangen, welche sich als unfähig erwies, als Ganze zu überleben, und beide haben von entgegengesetzten Seiten her zur Entkartesianisierung der Welt beigetragen.

Selbstverständlich gibt es noch andere Bestrebungen der Entkartesianisierung. Einige Physiker (darunter David Bohm) versuchen jetzt, den Geist in der Materie wiederzuentdecken (oder ihn ihr erneut einzupflanzen), den leblosen Kadaver des Universums wiederzubeleben und seine *disiecta membra* wieder zu dem lebenden Ganzen zusammenzufügen, das es in verschiedenen Kosmologien des Altertums, des Mittelalters und der Renaissance einmal gewesen ist. Sie behaupten, dank der Quantenphysik sei es wieder legitim geworden, sich ein Ganzes vorzustellen, das jedem einzelnen Teil innewohnt, womit sie eine unerwartete Verbindung zwischen der modernen Naturwissenschaft und der Tradition der hinduistischen, taoistischen und buddhistischen Weisheitslehre herstellen, und sie behaupten weiter, das Ganze habe geistähnliche Eigenschaften. Die Idee, daß das Ganze in seinen Teilen enthalten sei – für die kartesianische und Newtonsche Physik eine offenkundige Absurdität –, wurde nicht nur von der Mehrzahl derer, die nach dem Absoluten strebten – insbesondere von Proklos –, als Intuition erschaut, sondern es hat sie im religiösen Kultus, darunter auch in vielen archaischen Glaubensvorstellungen, in dieser oder jener Form immer gegeben. Man braucht nur eine noch so vage Idee von einer unteilbaren und schöpferischen Gottheit zu haben, um zu der Annahme zu gelangen, daß diese Gottheit, wenn sie in ihren Werken gegenwärtig ist, gar nicht anders kann, als in ihrer Totalität in all ihren Werken gegenwärtig zu sein – eine Vorstellung, die der landläufigen Geometrie natürlich Hohn spricht. Aber warum sollte sich die Gottheit von den Axiomen Euklids einengen lassen? Wenn aber das allgegenwärtige Ganze wirklich ist, kann es in keinem vorstellbaren Sinne eine materielle Entität sein, sondern ist vielmehr so etwas wie eine Intelligenz. Es muß deshalb nicht eine Person mit Selbstbewußtsein sein. Es könnte aber eine ursprüngliche Rechenvorrichtung sein, die reine Mathematik (oder die reine Logik), die sich der Welt einschreibt (diese Andeutung macht Paul Davies in seinem Buch *Gott und die neue Physik*), oder ein Spinozascher Gott, der sich nicht um die menschlichen Dinge kümmert, sondern sein unfehlbares Rechenvermögen der gesamten Schöpfung vorbehält. In dieser holistischen Sicht dürfen wir annehmen, daß Materie potentiell Geist ist nicht nur in dem trivialen Sinne, daß, wenn der Geist aus der Materie hervorgegangen ist, die Materie natürlich auch imstande gewesen sein muß, ihn hervorzubringen, sondern auch insofern, daß der Geist tatsächlich in all ihren Spielarten gegenwärtig ist. Wissenschaftler, die dieser Grundauffassung folgen, teilen nicht die Ansicht Humes oder Machs (die unter den großen Physikern unseres Jahrhunderts von Niels Bohr bekräftigt wurde), daß die Physik nicht eine Abbildung der Wirklichkeit sei, sondern eher eine Schematisierung der Erfahrung mit Hilfe kunstvoll erdachter begrifflicher Instrumente. Wenn aus der Beschreibung bestimmter physikalischer Vorgänge der Beobachter nicht ausgeschlossen werden kann, bedeutet das nicht unbedingt, daß der Beobachter ein kantischer Intellekt ist, der dem formlosen Stoff der Wahrnehmung apriorische Formen überstülpt; er ist vielmehr ein Intellekt, der in der Wirklichkeit, wie sie wahrhaft ist, seine eigenen Strukturen entdeckt, und er vermag sie aufzudecken, weil die Wirklichkeit geistförmig ist und der Erkenntnisakt, wie Plato gesagt hätte, eine Affinität oder gar eine liebevolle Verwandtschaft zwischen meinem Geist und dem Geist der Welt voraussetzt.

Bernard d'Espagnat geht in seinem Buch *In Search of Reality,* wo er diese Fragen erörtert, nach dem Eindruck eines Laien vorsichtiger zu Werke als einige andere Meta-Physiker; er konzentriert sich außerdem auf den Begriff der physikalischen Untrennbarkeit. Von Untrennbarkeit spricht man in gewissen, experimentell nachgewiesenen Fällen, in denen Teilchen, zwischen denen es zu einer Wechselwirkung gekommen ist, ungeachtet ihrer Entfernung voneinander weiterhin wechselwirken; daraus kann man entweder folgern, daß ihre Untrennbarkeit keine reale Tatsache ist, sondern lediglich eine bestimmte Art der Beschreibung des Experiments (daß sie also nur operationalen Wert hat), oder auch, daß Signale sich gelegentlich schneller als Licht ausbreiten können. Das unangenehme Dilemma, entweder den Realitätsbegriff oder die Relativitätstheorie aufzugeben, ist jedoch nach Ansicht von d'Espagnat nicht unüberwindlich, falls wir den Begriff einer nicht-lokalen Realität akzeptieren und damit die Vorstellung vom realen Raum zerstören. Die Teilchen, die der Physiker erforscht, sind nach Ansicht der heutigen Quantentheorie keine realen »Dinge«, sondern zeitweilige Eigenschaften eines Feldes. Die streng realistische Deutung der Physik ist d'Espagnat zufolge nicht einleuchtend, und so optiert er für einen nicht-physikalischen Realismus; die in der Quantenphysik beschriebene Welt muß aus dieser Perspektive gesehen werden als ein Aspekt – ein Aspekt neben dem Bewußtsein und komplementär zu ihm – einer verschleierten Wirklichkeit, die nicht an die Zeit und den Raum, wie die Physik sie versteht, gebunden ist, und er hat nichts dagegen, wenn diese Wirklichkeit als Gott bezeichnet wird. Diese beiden untrennbaren Aspekte der Erfahrung – das Universum und das Bewußtsein – stehen in Verbindung mit der letzten Wirklichkeit, die nicht im Sinne einer wissenschaftlich stichhaltigen Erfahrung definiert werden kann.

Der Verfasser dieser Zeilen maßt sich nicht an, in Überlegungen einzugreifen – mögen sie auch noch so metaphysischer Natur sein –, die von Naturwissenschaftlern auf der Grundlage ihrer Fachkenntnisse angestellt werden, oder die Stichhaltigkeit ihrer Interpretation zu beurteilen. Ich weiß einfach nicht, ob gewisse Differentialgleichungen und numerische Beziehungen tatsächlich dem Universum einbeschrieben sind oder ob sie ihm nicht vielmehr auferlegt werden, und ich vermute, daß diese Frage, strenggenommen, nicht zum Bereich der Physik gehört, so wie sie sich selbst versteht. Begnügen wir uns damit zu sagen: Die bloße Tatsache des Erkennens, die bloße Tatsache, daß unser Geist mit der Welt, die er nicht ist, kommuniziert und daß er diese Welt assimilieren, sie zu einem Gegenstand seines Selbstbewußtseins machen kann – diese höchst gewöhnliche Tatsache ist, wenn wir sie unvorein-genommen betrachten, das Merkwürdigste, was man sich vorstellen kann. Wenn Gott, wie es heißt, unbegreiflich ist, dann ist die Tatsache des Wahrnehmens und Erken-nens nicht minder unbegreiflich, zumindest wenn man von der üblichen (und kartesianischen) Annahme ausgeht, daß ich der Beobachter eines Universums bin, das mir radikal und irreduzibel fremd ist. Die »Meinheit« mag ein Wunder sein, aber die Tatsache, daß ich eine fremde Sub-stanz, die zuvor nicht in mir war, sondern in einen Akt des Bewußtseins verwandelt wurde, zu einem Bestandteil meiner selbst mache, ist über alle Maßen wunderbar. Wenn man nur einmal darüber nachdenkt, spürt man eine gewisse Verlockung, der platonisch-augustinischen Theo-rie der Anamnese zu folgen: Wir erkennen nur das, was immer schon in uns war. Das ist einer der Wege, auf dem man sich der Einsicht, daß das Ganze im Teil enthalten sei, nähern kann: Das Ganze ist in uns, und das ist der Grund, warum wir überhaupt etwas erkennen können.

Über Spinoza

Daß das unteilbare Ganze – oder das Absolute – »in« einzelnen Dingen und damit in jedem von uns sei, ist ein Lehrsatz, der, unterschiedlich formuliert, bei fast allen Platonikern, so bei Plotin, Proklos, Damascius, Eckhart und Nicolaus Cusanus vorkommt, so schwierig und um-ständlich es auch gewesen sein mag, diese Idee mit der Vorstellung von dem auf sich selbst beschränkten Einen in Einklang zu bringen. Wir finden ihn auch bei Spinoza, der mit gewaltigen, fast unlösbaren Problemen zu kämpfen hatte, als er versuchte, diese Sichtweise in seiner im

Grunde kartesianischen und für einen ganz anderen Zweck geschaffenen Sprache auszudrücken. Während er bestreitet, daß dem menschlichen Wesen das *esse* der Substanz zukommt (*Ethica,* II, Prop. 10 und Schol.), erklärt er, daß Einzeldinge, d. h. »Modifikationen« oder »Affektionen« Gottes, ihn »ausdrücken« (I, 25, Cor.). Der Körper und die Idee von ihm sind ein und dasselbe, nur unterschiedlich gesehen; einige Juden hätten dies undeutlich *(quasi per nebulam)* erkannt und so ausgedrückt, daß Gott, der Intellekt Gottes und die von seinem Intellekt umfaßten Dinge eins seien. Er behauptet sogar, der menschliche Geist sei ein Teil von Gottes unendlichem Intellekt (II, 11, Cor.), obwohl Gott, da er unteilbar ist, offensichtlich keine Teile haben kann (I, 13), und die ewige geistige Liebe zu Gott, derer wir fähig sind, sei ein Teil von Gottes unendlicher Selbstliebe (V, 26). Daß alle Dinge »in« Gott sind, ist für ihn eine axiomatische Wahrheit, und daß Gott nicht »in« den Dingen sein kann, ist ebenso klar, denn »in« bedeutet in diesem Sprachgebrauch die absolute Abhängigkeit. So kann er zwar nicht sagen, daß Gott »in« uns gegenwärtig sei, doch sieht er die Menschen und darüber hinaus alle Wesen als Modifikationen oder Affektionen Gottes, ungeachtet der Tatsache, daß die Substanz, die ja unempfindlich, unwandelbar und unteilbar ist, nicht in dem Sinne »modifiziert« oder »affiziert« werden kann, daß Handlungen endlicher Individuen sie verändern könnten. Die scheinbaren Widersprüche lassen sich allerdings auflösen, wenn man annimmt, daß jedes Einzelding in der Tat der »modifizierte« Gott oder Gott, der sich selbst ausdrückt, ist. Anders gesagt, scheint Spinoza in einer modernisierten Redeweise die gleiche Intuition zu wiederholen, die Eckhart dadurch erläuterte, daß er von dem Funken der Göttlichkeit in uns oder von Gottes Geburt in der Seele sprach, und die

Cusanus dadurch zu erfassen versuchte, daß er die Welt eine »*explicatio*« (im Sinne von Entfaltung) Gottes und Gott eine »*complicatio*« der Welt (im Sinne von Einfaltung) nannte. Gott gleicht einem Punkt auf einer Geraden: überall gegenwärtig, niemals geteilt, immer eins. Atman ist Brahman.

Im Unterschied zu den alten Platonikern war der Pseudo-Kartesianer aus Amsterdam (»Pseudo« deshalb, weil vom *Cogito* oder der »Subjektivität« in seiner Theologie nichts mehr zu bemerken ist) nicht der Meinung, daß das Absolute unsagbar sei. Der Reichtum seiner Sprache schien ihm zu genügen. Die empiristische und rationalistische Kritik sollte bald sein mühsam errichtetes Monument der »geometrischen« Methode zertrümmern. Der Zug der Moderne fuhr unaufhaltsam auf den Abgrund der doppelten Nichtigkeit zu: Schritt für Schritt wurden das Eine und das *Cogito* in *nihilum* verwandelt. Gewiß, völlig verschwunden sind sie nie. Die Metyphysik im Sinne einer Suche nach dem in sich selbst wurzelnden Sein hat überlebt, verstoßen in eine Art philosophischer Halbwelt. Ihre Sprache wurde weitgehend geächtet.

Über Jaspers (2)

Jaspers hat sich wohl mehr als jeder andere unter unseren Zeitgenossen gegen das scheinbar endgültige Hinscheiden der beiden äußersten Kategorien menschlicher Erfahrung – des Absoluten und der auf sich selbst bezogenen Existenz – zu wenden versucht und zugleich dessen szientistische Deutung abgelehnt. Daß die spezifisch menschliche, jeweils einzigartige Existenz sich – anders als das biologische, gesellschaftliche, physikalische oder psychologische

Faktum, mit dem sie nicht verwechselt werden darf – der Sprache entzieht, hatte Kierkegaard klargemacht. Daß sich sowohl die Existenz als auch das Absolute bei näherer Untersuchung in Nichts auflösen, war die hartnäckige Behauptung der Aufklärung gewesen. Jaspers nahm diese – unumkehrbaren, wie er zu glauben schien – Resultate der Moderne zur Kenntnis, weigerte sich aber, ihre empiristische Begründung und Deutung zu akzeptieren. Er bestand darauf, daß die empirische Wirklichkeit weder sich selbst erklärt noch sich selbst genügt; die Welt liefert uns nicht ihre eigene Deutung. Das sichtbare oder von der Wissenschaft herausgearbeitete Universum, das den Menschen als ein Objekt unter anderen einschließt, erstreckt sich zwischen zwei Realitäten, die in der Sprache der Wissenschaft nicht beschrieben werden können – der Transzendenz und der Existenz. Diese letzten Wirklichkeiten lassen sich nicht objektivieren, von der Wissenschaft aneignen, in innerweltlicher Erfahrung erfahren. Sie sind untrennbar miteinander gekoppelt, d. h., die Existenz (oder die Freiheit oder ich selbst) ist notwendig mit der Transzendenz (oder dem Umgreifenden) verknüpft, und diese ist nur für die Existenz gegeben. Sie bilden zwei Seiten – eine objektive und eine subjektive – ein und derselben Wirklichkeit, die durch keine intellektuelle Anstrengung, keine ästhetische, emotionale oder religiöse Intuition je positiv erreicht werden kann, die aber gleichwohl in all diesen Erfahrungsbereichen auf schwer faßbare Weise angedeutet und auf unaussprechliche Weise gegenwärtig ist. Diese Wirklichkeit wird nicht einfach in den Bereich des absolut Unerkennbaren oder der reinen Negativität verbannt, denn das, was überhaupt unerkennbar ist, ist von keinerlei Interesse und Belang für unser Leben, während das Bewußtsein dessen, was jenseits der Grenze des Erkennbaren liegt, für Jaspers von höchster Bedeutung ist und unsere Einstellung zur Welt radikal verändert; alles bekommt einen neuen Sinn, wenn wir unsere Erfahrung als ein Phänomen des Eschaton wahrnehmen, auch wenn es keine Methode gibt, mit der sich die Eigenschaften des Eschaton aus der Art, in der es sich zeigt, erschließen lassen. Niemals zu erfassen, ist das Allumgreifende dennoch der Boden, in dem die menschliche Würde ihren Grund hat; ohne das Bemühen, die Schranke der »objektivierbaren« Welt zu überspringen, könnten wir nicht das Gefühl überwinden, daß unser Leben sinnlos ist. Bei aller Erfolglosigkeit, bei aller Unfähigkeit, den Tod und das Scheitern zu überwinden, ist dieses Bemühen dennoch nicht vergeblich: Es macht uns erst zu Menschen.

Damit hat Jaspers auf seine Weise dem Druck der Aufklärung, zumindest der Aufklärung in ihrer empiristischen, naturalistischen und utilitaristischen Spielart, nachgegeben: Soweit es um die Sprache und die positive Erkenntnis geht, wurden beide Aspekte des *Ultimum* – der göttliche und der menschliche – vom Nichts verschlungen. Sie haben sich gleichwohl erhalten, nicht nur im Sinne einer unerreichbaren Grenze der Erfahrung, sondern als eine Wirklichkeit, auf welche die Welt der Erfahrung selbst hindeutet. Der philosophische Glaube konnte einen Schatten des *Ultimum* bewahren, aber um den Preis, sich selbst seines Inhalts zu berauben: Dieser Glaube scheint in dem bloßen Willen zu bestehen, sich dem Allumgreifenden zu stellen, er kann in keiner Weise sprachlich vermittelt werden. Es gibt keine positive Metaphysik, ganz zu schweigen von einer Theologie, die sich zuverlässig konstruieren ließe, und keine Offenbarung, die Glaubwürdigkeit besäße; Gottes Stimme ist nicht in der Welt zu vernehmen – wäre sie es, so wäre sie unwiderstehlich, sagt Jaspers.

Wieso? Viele Menschen sind überzeugt, daß Gottes

Stimme in der Welt zu vernehmen und tatsächlich unwiderstehlich ist; sie sagen, wenn andere sie nicht hören, läge das daran, daß sie sie nicht hören wollen; Gottes Stimme ist, anders gesagt, nicht auf mechanische Weise unwiderstehlich, sie ist unmißverständlich vernehmbar für jeden, der sich nicht die Ohren zuhält.

Gewiß müssen selbst jene, die auf Gottes Ruf hören und ihn zu entschlüsseln verstehen, einräumen, daß er auf andere Weise wahrzunehmen ist als etwa das Licht der Sonne, und der Unterschied liegt darin, daß die Realität des Sonnenlichts unter den Menschen nicht strittig ist. Jene, die die göttlichen Zeichen in der Welt ausmachen, unterscheiden sich in empirischen Fragen nicht von jenen, die sie nicht zu sehen vermögen, aber sie unterscheiden sich in der Interpretation der Erfahrung. Die Interpretation, die ihr die ersteren geben, wird von den letzteren entsprechend den Sprachregeln, für die sie sich entschieden haben, einfach für unerlaubt und sinnlos erklärt. Die Frage ist daher: Gibt es höhere Regeln, nach denen wir unter allen möglichen Sprachen unsere Wahl treffen können?

Leibniz und alle möglichen Welten

Wie es scheint, gibt es solche Regeln nicht. Wenn sie in der gleichen Weise bindend sein sollten, wie logische Regeln es sind, dann müßten sie in einer Sprache ausgedrückt werden, und das hieße, daß sie sich im unendlichen Regreß festbeißen.

Leibniz zufolge trifft Gott eine Wahl unter unendlich vielen, logisch möglichen Welten; jede Welt ist solange möglich, wie ihre Existenz keinen logischen Widerspruch einschließt, weil der Satz vom Widerspruch für Gott nicht weniger zwingend ist als für uns. Bei der Prüfung aller möglichen Welten läßt Gott sich von seiner Allwissenheit leiten, doch die Wahl, die er schließlich trifft, ist von seiner Güte bestimmt: Wenn er jene Welt auswählt, in der die Gesamtmenge des Guten im Vergleich zur Masse des Bösen optimal groß ist, so deshalb, weil er nicht nur ein Mathematiker ist, der rechnet und die jeweiligen Eigenschaften der möglichen Welten miteinander vergleicht, sondern auch ein gütiger Vater. Wahrscheinlich – dies ist unsere Bemerkung, nicht die von Leibniz – würde der Teufel oder zumindest das Haupt der teuflischen Scharen, der gefallene Seraph, eine ähnliche Berechnung durchführen können, aber er würde natürlich die entgegengesetzte Wahl treffen: Er würde sich für eine Welt des größtmöglichen Übels entscheiden. Dies ist gleichbedeutend damit, daß Leibniz' Gott nicht das Absolute im platonischen Sinne ist. Es ist – jedenfalls hat es den Anschein – unmöglich, die tatsächlich bestehende Welt aus der vollkommenen, allumfassenden Mathematik und Logik herzuleiten – und das ist es, was Leibniz im übrigen zu verstehen gibt. Es gibt also, anders gesagt, keine *mathesis universalis,* die die Unterscheidung zwischen Kontingenz und Notwendigkeit, zwischen *vérités de fait* und *vérités nécessaires* aufheben würde. Leibniz zufolge taucht diese Unterscheidung unausweichlich in unserem Denken auf, weil unser Geist begrenzt ist: Wir begreifen ganz einfach, daß es zu einem Widerspruch führt, wenn wir bestimmte Wahrheiten (wie etwa »Wenn ein Satz p eine hinreichende Bedingung des Satzes q ist, dann ist der letztere eine notwendige Bedingung des ersteren«) bestreiten, während dies bei anderen Wahrheiten (wie etwa »Paul ist ein Bruder von Marie«) nicht der Fall ist. Für einen vollkommenen Geist würde diese Unterscheidung jedoch nicht gelten, denn ein solcher Geist würde die Notwendigkeit aller scheinbar kontingenten Ereignisse erkennen, da diese allesamt schon in den Begriffen der Dinge enthalten sind, denen diese Ereignisse widerfahren, oder anders gesagt, ein vollkommener Geist weiß, daß alle Wahrheiten im Grunde analytische Wahrheiten sind. Diese Überlegung wird durch den Umstand ausgehöhlt, daß an der Entscheidung, welche der möglichen Welten wirklich werden sollte, nicht nur die Allwissenheit Gottes, sondern auch seine Güte beteiligt gewesen sein muß. Somit ist, bezogen auf die Allwissenheit Gottes, die Welt, in der wir leben, tatsächlich kontingent. Diesem Einwand konnte Leibniz mit dem Hinweis begegnen, daß Gott per definitionem gut ist und daß es daher im Widerspruch zur Güte des Schöpfers stünde, sich eine Welt vorzustellen, die er sich tatsächlich gewählt hat und die nicht die beste aller möglichen wäre; eine *a priori* gültige Definition zu bestreiten, würde in der Tat zu einem Widerspruch führen: Gott war nicht minder gezwungen, die beste aller Möglichkeiten zu wählen, wie er gezwungen war, eine widerspruchsfreie Welt zu schaffen; er konnte einfach nicht anders.

Dieses hypothetische Gegenargument hat einen Haken. Leibniz hat in der *Théodicée* selbst zwischen metaphysischer und moralischer Notwendigkeit einen Unterschied gemacht: Gott stand unter metaphysischem Zwang, als er eine widerspruchsfreie Welt schuf, und er stand unter moralischem Zwang insofern, als seine Welt im Sinne der Bilanz von Gut und Böse die beste aller möglichen war. Er hätte eine schlechtere oder gar die schlechteste aller denkbaren Welten schaffen können – in logischer Hinsicht wäre das einwandfrei gewesen. Leibniz machte Gottes Allwissenheit und seine Güte unabhängig voneinander. Selbst vorausgesetzt, daß es richtig war, Gottes notwendige Existenz aus der bloßen Tatsache abzuleiten, daß jemand aus vielen möglichen Welten diese und nicht eine andere ausgewählt haben muß, so wissen wir doch noch nichts über die Gründe dieser Wahl. Leibniz' Beweis für die Existenz Gottes mag gültig sein, aber er sagt nichts über die Güte des Schöpfers aus und schließt an sich nicht die erschreckende Möglichkeit aus, daß er tatsächlich ein böswilliges Wesen sein könnte; daß er es nicht ist, bedarf eines gesonderten Beweises, den Leibniz aber nicht lieferte, wenn man einmal von der Annahme absieht, daß Güte ein selbstverständlicher Teil der Vollkommenheit sei. Diese Annahme ist jedoch nicht zwingend, denn der Beweis der Notwendigkeit eines Schöpfers, der eine Wahl treffen kann, ist noch kein Beweis seiner Vollkommenheit, sofern diese letztere notwendig die Güte einschließen soll. Es ist möglich, die metaphysischen und moralischen Qualitäten Gottes je für sich zu diskutieren. Wir könnten außerdem auf den blasphemischen Gedanken kommen, daß Gottes Güte, bezogen auf seine Allwissenheit, kontingent sei (Leibniz sagt das natürlich ebensowenig wie Duns Scotus, der dafür verantwortlich gewesen sein könnte, daß Leibniz zwischen diesen beiden göttlichen Attributen getrennt hat). Wenn wir von dieser Position ausgehen, lassen die Beweise für die Existenz Gottes die Frage seiner Güte offen; daß er wirklich gut ist, wird einfach als selbstverständlich angenommen, als ein Bestandteil der traditionellen Vorstellung, ist aber in dem logischen Gedankengang keineswegs enthalten.

Man könnte erwidern, es sei nicht spezifisch für Leibniz oder Scotus, diese Trennung zu machen; schließlich ist weder im ontologischen Argument noch in den kosmologischen Argumenten des Thomas von Aquin die notwendige Güte Gottes unmittelbar impliziert; wenn man sie wörtlich nimmt, schließen sie nicht die Möglichkeit aus, daß er böse oder ein moralisch indifferenter Mathematiker ist. Thomas beweist (in *Contra Gentiles,* I, 28) die Vollkommenheit Gottes und leitet daraus dann seine Güte ab (ebda., 37). Vollkommen im Sinne des ersteren Beweises zu sein, bedeutet offenbar, auf der gegebenen Stufenleiter des Seienden die höchstmögliche Stufe zu erreichen, aber daß das Gute »höher« sei als das Böse, kann man bestreiten; Satan würde es zweifellos bestreiten, und seine logischen Fähigkeiten sind vermutlich nicht geringer als unsere. Kurz, aus der Existenz Gottes als ein *primus movens, maxime ens, quo maius cogitare nequit* usw. folgt nicht unmittelbar seine Güte; sie erfordert einen gesonderten Beweis, der aber aus den eben erwähnten Gründen schwächer ist als die Beweise für ein notwendiges Dasein: Daß Vollkommenheit Güte einschließe, ist eine willkürliche Annahme, und es ist nicht stichhaltig, wenn von der Güte von Geschöpfen auf die Güte ihres Schöpfers geschlossen wird. Falle »Güte« ein ontologisches Merkmal ist, wäre das Argument nur unter der Bedingung stichhaltig, daß Sein und Güte koextensiv sind, und diese metaphysische Annahme kann nicht begründet werden, wenn man nicht bereits die Attribute Gottes kennt und von seiner Einheit weiß; das Argument würde sich daher im Kreise drehen. Falls »Güte« eine moralische Qualität ist, würde der Zirkel nicht entstehen, aber man müßte voraussetzen, daß die menschlichen Geschöpfe gut sind, und das ist eine Frage der empirischen Beobachtung, die unabhängig davon, was wir über Gott wissen, möglich ist. Nun sind sie aber eindeutig teils gut, teils böse (einmal vorausgesetzt, daß wir wissen, was diese Adjektive bedeuten), und es ist alles andere als klar, warum wir, wenn von den Eigenschaften abgeleiteter Wesen auf die göttlichen Attribute geschlossen wird, von der Güte und nicht von der Bosheit der ersteren ausgehen sollten.

Leibniz behauptet in *Principes de la Nature et de la*

Grâce außerdem, Gott müsse in eminentem Maß die Eigenschaften (oder Vollkommenheiten) seiner Geschöpfe besitzen, also Macht, Wissen und Güte. Dies ist ein *a posteriori*-Argument, das wiederum die Prämisse erfordert, daß Vollkommenheit Güte einschließe (und warum sollte es nicht eine Vollkommenheit im Bösen geben?).

Es könnte durchaus sein, daß die logische Trennung zwischen der notwendigen Existenz und der Güte Gottes in der Metaphysik Leibniz' historisch in der Entwicklung wurzelt, die dazu führte, *a priori* oder *a posteriori* die Existenz Gottes *beweisen* zu müssen; zu denen, die dafür verantwortlich zu machen sind, kann man Thomas und sogar Anselm von Canterbury rechnen. Sobald diese Notwendigkeit auftritt, stehen wir fast unter dem Zwang, logisch zwischen dem Sein und der Güte Gottes zu trennen und die letztere zum Ziel eines weiteren Beweises zu machen, der in der Regel sogar noch brüchiger und anfechtbarer ist. Mystiker haben sich bemüht, diesen Bruch zu heilen, aber ungeachtet der Verehrung, die sie in der christlichen Tradition genossen, waren sie doch eher Zeugen und keine Intellektuellen, die logische Beweise aufbauten.

Gewiß kann man weder Leibniz noch den Denkern des Mittelalters einen Vorwurf daraus machen, daß sie für selbstverständlich nahmen, was für sie eine unzweifelhafte biblische Tradition war, nämlich die Gleichsetzung der Schöpfungsfähigkeit mit der Güte; dies ist keine ausschließlich biblische Tradition – sie kommt auch in anderen, nicht unbedingt monotheistischen Mythologien vor. Sie ist indes alles andere als allgegenwärtig: In altiranischen Mythen und ihren manichäischen Ablegern ist auch der böswillige Gott ein Schöpfer, und man kann durchaus die Meinung vertreten, daß es, abgesehen von der Stärke der biblischen Überlieferung, keine feste Grundlage für eine solche Gleichsetzung gibt.

Über göttliche und menschliche Schöpfung

Das Problem wird verdunkelt durch die dem Wort »Schöpfung« anhaftende Verwirrung. Wenn von der göttlichen Schöpfung gesprochen wird, ist in der Regel die Schöpfung *ex nihilo* gemeint. Aber der Begriff *ex nihilo* ist ein philosophisches Konstrukt, das in der mythologischen Bilderwelt keine eindeutige Stütze findet. Gott schuf Himmel und Erde, heißt es in der Bibel, aber folgt daraus eindeutig, daß es »vor« dem ersten Schöpfungsbefehl außer Gott buchstäblich nichts gab? Bei dieser Frage muß natürlich wegen der unangemessenen Verwendung des Wortes »vor« ein Vorbehalt gemacht werden; seit Augustinus hat die christliche Theologie nahezu einmütig erklärt, die Zeit sei zusammen mit dem Raum und der Welt entstanden, und es ist daher unsinnig, davon zu sprechen, daß Gott der Welt zeitlich vorausgegangen sei; im gleichen Sinne wird heute von Physikern erklärt, das Universum sei in der Tat aus einem zeitlosen und raumlosen Zustand hervorgegangen. Doch selbst wenn wir annehmen, daß die Schöpfung *ex nihilo* das Privileg eines einzigen Schöpfers gewesen sei, hindert uns nichts an der Vorstellung, daß anschließend sowohl Gott als auch der Teufel schöpferisch gewirkt haben könnten und der Teufel den von Gott bereitgestellten Stoff benutzte, um für bösartige Zwecke eigene Geschöpfe zu schaffen – daß zum Beispiel Gott einige freundliche Tiere wie Pferde, Schafe und Sperlinge entwarf und der Teufel boshaft darauf reagierte, indem er Krokodile, Hyänen und Schaben ersann. Wenn das richtig ist, besteht kein notwendiger Zusammenhang zwischen Schöpfung und Güte und keine klare Unterscheidung zwischen Schöpfen und Zerstören, zwischen

Ordnung und Unordnung; was die menschlichen Angele-
genheiten betrifft, dürfen wir glauben, daß schöpferische
Bemühungen für üble Zwecke benutzt werden können
und daß eine Ordnung im Dienste des Teufels stehen
kann. Wenn wir das bestreiten, müssen wir über andere
Kriterien verfügen, um Schöpfung und Ordnung zu definieren (warum sollten zum Beispiel die Errichter von
überaus grausamen Imperien nicht Schöpfer genannt werden? Ist ein Vernichtungslager nicht eine Art von Ordnung, d. h. von Organisation? Können dämonische Kräfte
nicht die künstlerisch und geistig schöpferische Arbeit von
Menschen für sich nutzbar machen?), oder wir müssen
voraussetzen, daß die Wörter »Schöpfung« und »Ordnung« im Sinne einer Sprachgewohnheit nur auf das anwendbar sind, was wir als gut wahrnehmen; dann aber
kann das »Gute« sich entweder auf unser moralisches
Empfinden oder auf einen Gott beziehen, der per definitionem gut ist.

Wie schon erwähnt, wird die Güte Gottes seit langem in
einem dreifachen Sinne verstanden: als Wohlwollen und
Liebe gegenüber seinen Geschöpfen, als eine Quelle, aus
der alle Regeln über Gut und Böse entspringen, und als
eine ihm innewohnende, von seinen schöpferischen Akten
unabhängige Güte. Im letzteren Falle ist die Güte einfach
austauschbar mit dem Sein, so daß Gott selbst dann nicht
minder gut wäre, wenn er, statt die Welt zu erschaffen,
beschlossen hätte, in seiner teilnahmslosen Einsamkeit zu
verharren; seine Güte steht in keiner erkennbaren Beziehung zu dem, was wir gewöhnlich meinen, wenn wir das
Wort benutzen, und wird daher vielen Menschen unbegreiflich erscheinen. Wenn Güte dagegen entsprechend
dem heutigen Sprachgebrauch liebevolles Wohlwollen bedeutet und nicht *a priori* mit Existenz gleichgesetzt werden kann, und wenn man annimmt, daß der Schöpfer

einzigartig ist, dann ist ungeachtet des äußeren Anscheins der böse Wille des Teufels oder des Menschen einzig zur Zerstörung fähig; der böse Wille kann nichts anderes als Gottes Plan vereiteln, seine scheinbare Kreativität bringt nur Chaos, Unordnung, Zerstörung. Die Wörter »Ordnung« und »Schöpfung« sind nicht neutral in Bezug auf Gut und Böse. Sie dürfen nur verwendet werden, wenn ein guter Zweck gemeint ist. Gottes Güte ist nicht auf ihn selbst bezogen; sie strahlt natürlicherweise aus – nach Thomas' berühmter Formulierung *»bonum est diffusivum sui«*. Die Schöpfung mit der Ausbreitung des Lichts gleichzusetzen – wie in der mittelalterlichen Metaphysik des Lichts –, war eine naheliegende Vorstellung.

Aus dieser traditionellen Betrachtungsweise des christlichen Denkens scheint die einigermaßen bedrückende Vorstellung zu folgen, daß Menschen nicht zu schöpferischem Handeln fähig sind oder daß wir uns, wenn wir uns mit unserer Kreativität brüsten, unverschämterweise göttliche Privilegien anmaßen.

Ob dies tatsächlich daraus folgt, hängt davon ab, was man unter »Kreativität« versteht und was der Sinn der Handlungsfreiheit ist, mit der Gott uns, dem christlichen Glauben zufolge, ausgestattet hat. Wenn es nur eine Quelle der Existenz und Güte, nur eine Quelle der Energie gibt, die in allen Werken der Natur und der Kunst wirksam ist, dann bedarf es erheblicher gedanklicher Bemühungen, wenn man am Begriff der Willensfreiheit festhalten will, und tatsächlich haben sich die besten Köpfe in der Geschichte der europäischen Philosophie bemüht, dieses Mysterium aufzuhellen (oder es per Beschluß abzuschaffen). Wenn wir uns nicht auf dieses Gebiet unendlicher Debatten begeben wollen, können wir uns mit einer einfachen Unterscheidung begnügen.

Nach der Lehre Augustins benützen wir unseren Willen – unsere Fähigkeit, eine Wahl zu treffen – stets gegen Gott; infolge der Verderbtheit, die wir uns im Sündenfall selbst zugezogen haben, sind wir nicht mehr frei in dem Sinne, daß wir zwischen Gut und Böse wählen könnten. Wenn unser eigener Wille die Entscheidung trifft, wählt er sich selbst, d. h. das Böse. Wenn wir das Gute wählen, wählen wir im Grunde nicht; vielmehr entsagen wir der Wahl zugunsten des göttlichen Willens, der in Gestalt der Gnade in uns wirkt. Die Fähigkeit, zwischen Gut und Böse eine freie Wahl zu treffen, haben wir jedoch durch unsere eigene Schuld verloren; wir wurden frei erschaffen, und man kann daher sagen, daß der unwiderstehliche Hang zum Bösen nicht zu unserer ursprünglichen Natur gehörte. Nach dem Sündenfall gibt es nichts, wodurch wir uns die Fähigkeit erwerben könnten, Gutes zu tun; nur die Gnade kann uns diese Fähigkeit zurückgeben, aber dann ist das Gute, das wir tun, nicht unseres.

Dies ist, wie ich bereitwillig zugebe, eine grobe Zusammenfassung der Lehre Augustins, doch auf Einzelheiten einzugehen, würde viel Platz erfordern und einer sorgfältigen Analyse bedürfen. Für meine Zwecke reicht diese Zusammenfassung aus.

In der Augustinischen Welt ist es nicht nur so, daß Gott die letzte Quelle aller Güte ist – das ist in der christlichen Lehre nicht umstritten –, wir Menschengeschöpfe sind außerdem *post lapsum* nicht fähig, frei von dieser Güte Gebrauch zu machen, um Gottes Absichten zu verwirklichen. Unter denen, die zu Beginn der Neuzeit diese Lehre konsequent zu entwickeln versuchten, war Luther der gewaltigste. Es war keine rein theologische, theoretische Frage, mit der er rang. Er glaubte, wie es scheint – ein Eindruck, den seine Frühschriften bis 1525 in starkem Maße vermitteln –, daß wir alle einen unzerstörbaren dunklen Kern in uns haben, eine Quelle des Bösen, die niemals bezwungen, niemals unschädlich gemacht oder für gute Zwecke genutzt werden kann, niemals mit den natürlichen Mitteln, die uns zur Verfügung stehen, aufgelöst werden kann; kein moralisches Bemühen, keine Zivilisation, keine Tugenden, keine angeborenen mitmenschlichen Empfindungen können diesen satanischen Kern erfolgreich bekämpfen; er ist einfach da und trotzt allen unseren Bemühungen, ihn zu zerstören (eine Vorstellung, die einen an das Freudsche *Es* erinnert, das allen Bemühungen der Zivilisation, es zu zähmen, widersteht). Er kann nur durch die göttliche Gewalt vernichtet werden. Allein die Gnade kann diesen Samen der Finsternis in uns zerstören, und wenn sie wirkt, dann wirkt sie unfehlbar. Luther verwarf deshalb entschieden die gängige Vorstellung der Nominalisten des 15. Jahrhunderts, die Vorstellung, »zu tun, was in einem ist«, *facere quod in se est,* da sie voraussetzte, daß wir die Fähigkeit besitzen, die göttliche Energie zu manipulieren und somit unsere Freiheit zu nutzen, um das Gute hervorzubringen.

Menschliche Kreativität ist in dieser Weltsicht natürlich unvorstellbar; was immer wir aus eigenem Antrieb tun, ist zwangsläufig böse, und das Böse ist per definitionem reine Negativität, reine Zerstörung, ein Nicht-Sein.

Hingegen scheint es plausibler, daß wir von »Schöpfung« sprechen dürfen, wenn wir uns den katholischen Standpunkt einer minimalistischen Freiheitsidee (wie er auf dem Konzil von Trient dogmatisch definiert wurde) oder die großzügige und unbegrenzte kartesianische Vorstellung zu eigen machen, die, wie Descartes wußte, dem unphilosophischen und ungebildeten Alltagsverstand näher kam. Nach der katholischen Lehre ist zwar das Gute, dessen wir fähig sind, stets göttlichen Ursprungs und von Gott inspiriert, aber wir sind nicht bloß passive Objekte der Wirkungen der Gnade, weil wir die Freiheit besitzen,

uns von Gott abzuwenden und sein Angebot zu ver-
schmähen; mit anderen Worten, die Gnade wirkt nicht
unwiderstehlich, und das heißt, daß an unseren moralisch
relevanten Akten unsere minimale positive Mitwirkung,
unsere Bereitschaft, aus freien Stücken die Gnade zu akzeptieren, beteiligt ist (wäre der Verzicht darauf, die
Gnade abzulehnen, durch die Gnade als hinreichende Bedingung verursacht, so bliebe uns wohl nur die Luthersche
Auffassung mit ihrer erschreckenden Konsequenz: der
doppelten Prädestination im Sinne des Calvinismus).

Descartes, der es ausdrücklich und sorgfältig vermied,
sich in theologische Dispute verwickeln zu lassen, und
sich deshalb, von einigen Bemerkungen in den Briefen
abgesehen, nicht über Sünden und Verdienste als Aspekte
der menschlichen Freiheit geäußert hat, stand gleichwohl
eindeutig auf der Seite derer, die an die Freiheit als die
Fähigkeit zur Selbstbestimmung glaubten, einschließlich
der Fähigkeit, frei von Zwang zwischen Gut und Böse zu
wählen; in seiner berühmten privaten Notiz hat er sogar
neben der Schöpfung *ex nihilo* und der Menschwerdung
Gottes den freien Willen als eines der drei großen göttlichen Wunder aufgeführt. In der Freiheit des Willens unterscheiden wir uns nicht von Gott, so sehr wir uns auch
im Wissen und in der Macht von ihm unterscheiden, die
beide für unsere jeweiligen Entscheidungen relevant sind.

Wenn wir – ob nun in der minimalistischen katholischen oder in der unbeschränkten kartesianischen Spielart – den Gedanken ernstnehmen, daß menschliche Geschöpfe durch selbstverursachte moralische Akte Gutes
hervorbringen können, besteht eine starke Versuchung,
diese Akte nicht nur im übertragenen Sinne, sondern
wirklich für schöpferisch zu halten. Wenn wir annehmen,
daß das Sein und das Gute koextensiv sind, so ergibt sich,
daß wir, indem wir frei das Gute wählen, das Gute und

damit das Sein in demselben Maße aktuell werden lassen, wie wir das Sein zerstören, wenn wir das Böse wählen. Wenn jeder von uns eine Quelle unabhängiger Initiative ist, die sich selbst in Bewegung setzt und keinen hinreichenden Grund außer ihr selbst hat, dann scheinen wir schöpferische Akte *ex nihilo* zu vollziehen, dann scheinen wir dem Sein etwas, das es vorher nicht gegeben hat, hinzuzufügen, dann scheinen wir Gott zu erhalten, zu stärken oder zu mehren.

Aus der Sicht der christlich-platonischen Orthodoxie könnte es erscheinen, als sei eine solche Vorstellung blasphemisch, ketzerisch, götzendienerisch oder alles drei zusammen, da sie Gottes vollkommene Aktualität, seine Allmacht und seine einzigartige privilegierte Schöpfungsmacht unterhöhlt.

Bei dem Versuch, diese Idee von Kreativität mit allem, was wir aus dem *Bullarium Romanum* und den Beschlüssen der Konzile entnehmen können, in Einklang zu bringen, können wir zweifellos in Schwierigkeiten kommen. Dagegen bleiben uns solche Schwierigkeiten offenbar erspart, wenn wir die Bibel heranziehen. Der Gott der Bibel wird von allen Emotionen heimgesucht, er ist zornig und deprimiert über die Widerspenstigkeit seiner Untertanen, aber er liebt sie und ist hocherfreut, wenn er sieht, welche Freundlichkeit und welchen Gehorsam sie – wenngleich selten – an den Tag legen. Er ist ein Gott der Liebe, und er ist eine Person in dem gleichen Sinne, wie wir es sind.

Die gängige Bemerkung von Theologen (wiederholt und mit größtem Nachdruck in Maimonides' *Führer der Unschlüssigen* vorgetragen), derzufolge die »anthropomorphe« Sprache der *Sacra Pagina* unseren dürftigen geistigen Fähigkeiten angepaßt sei, die die verborgene metaphysische Botschaft angeblich nicht zu erfassen vermögen, wäre weniger fragwürdig, wenn sie – die Theologen oder zumindest einige von ihnen – nicht behaupteten, über ein Wörterbuch zu verfügen, mit dessen Hilfe sich das Wort Gottes in der vorliegenden Fassung in das angemessene, exakte Idiom ihrer Wissenschaft übersetzen ließe. Wenn wir einmal von dem darin enthaltenen Anspruch absehen, daß sie besser verstünden, was Gott uns wirklich sagen wollte, so impliziert dieses Bemühen, die Inkongruenz von Mythos und Philosophie zu erklären, daß einerseits der Mythos im Grunde eine philosophische Doktrin sei und daß andererseits diese Doktrin die *wirkliche* oder zumindest die wichtigste Bedeutung der Heiligen Schrift sei (vorausgesetzt, wir unterscheiden zwischen der buchstäblichen, der allegorischen, der moralischen und der metaphysischen Bedeutung). Das aber ist sowohl aus historischen wie aus erkenntnistheoretischen Gründen überaus schwer zu akzeptieren. Mythen sind nicht »eigentlich« Theorien. Sie lassen sich nicht übersetzen in eine nicht-mythische Sprache, die angeblich ihren authentischen Inhalt wiederzugeben vermag. Die Annahme, wir könnten durch eine solche Übersetzung diesen Inhalt klären oder verständlich machen, ist ebensowenig glaubhaft wie die Erwartung, wir könnten jemandem den Sinn eines musikalischen Werkes vermitteln, indem wir ihm erzählen, »worüber es ist«. Mythen wären entbehrlich, wenn sie metaphysische Äquivalente hätten. Wenn sie eine letzte Wirklichkeit sowohl ausdrücken als auch verbergen, so deshalb, weil diese Wirklichkeit nicht *in abstracto* ausdrückbar, nicht auf eine theoretische Sprache reduzierbar ist.

Manches spricht dafür, daß verschiedene Aspekte der letzten Wirklichkeit sich am besten im religiösen Kultus und in der Kunst ausdrücken lassen – nicht in dem Sinne, als könne ein Maler das Absolute auf der Leinwand darstellen oder ein Priester es in theoretisch befriedigenden

Begriffen erklären: es ist vielmehr so, daß das Namenlose und nicht Darstellbare zumindest in intensiven religiösen und künstlerischen Akten in der Weise angedeutet werden kann, daß die Andeutung ein Gefühl des Verstehens vermittelt, eine Art von momentaner Befriedigung, die in kognitiver Hinsicht gerechtfertigt ist und zugleich eine Gewißheit vermittelt, mit dem, was wirklicher ist als die Wirklichkeit des Alltagslebens, »in Berührung« gekommen oder gar »in« ihm zu sein. Die Befriedigung kann nur eine momentane sein; sie könnte sich nur dann dauerhaft behaupten, wenn ihre Botschaft in theoretische Begriffe umsetzbar wäre, was sie aber ihrer ganzen Natur nach nicht ist.

In der Sprache des biblischen Mythos, in dem Gott, wenngleich verborgen, als ein liebevoller, wenn auch gelegentlich recht strenger Beschützer erscheint, ist es angemessen zu sagen, daß seine Traurigkeit angesichts unserer Sünden nicht minder real sei als seine Freude über das wenige, was an Gutem zu tun wir uns fähig erweisen. Dann aber ist er nicht ein vollkommen unwandelbares Absolutes, dann wächst er wirklich durch seine Geschöpfe, dann ist er, anders gesagt, ein historischer Gott; ja es scheint, als sei schon der Gedanke der Ausgießung der göttlichen Liebe unvereinbar mit der absoluten Ungeschichtlichkeit und Ungerührtheit des Schöpfers – zumindest solange diese Ideen der Liebe und der Ungerührtheit die Bedeutung behalten, an die wir gewöhnlich denken, und welche andere Bedeutung könnten wir sonst konstruieren?

Wäre es nicht der Fall, daß wir der Schöpfung etwas *hinzufügen,* wenn wir versuchen, das Böse zu meiden und Liebe zu verbreiten, gleichgültig wie winzig unser Bemühen sich auch ausnehmen mag, so wäre es vermutlich falsch zu sagen, daß wir in irgendeinem erkennbaren Sinne

»Gutes tun« können (vorausgesetzt, Güte und Sein sind koextensiv). Gewiß ist alles, was an Gutem in uns ist oder von uns geleistet wird, nach der traditionellen Lehre ein Reflex oder ein Ausfluß der göttlichen Güte. Dies sogar anerkannt, scheint es doch, daß wir durch unsere Wahl und unser Bemühen die Güte, die zuvor nur potentiell war, aktuell machen, und das ist gleichbedeutend damit, daß wir tatsächlich etwas schaffen. Wenn Güte per definitionem immer aktuell ist – und das folgt aus dem Dogma von der vollkommenen Aktualität Gottes und daraus, daß Gott die Fülle der Güte ist –, dann ist die Idee der freien Entscheidung des Menschen nicht länger haltbar.

Überdies wird, wenn diese beiden Dogmen gültig sind, der Gedanke der Schöpfung fragwürdig. Der Schöpfungsakt kann der Vollkommenheit und der unendlichen Güte Gottes nichts hinzufügen. Indem er das Universum, die Zeit, den Raum und den Geist ins Dasein ruft, ändert Gott nichts an sich selbst oder an seinen Beziehungen zu seinen Hervorbringungen; er ist, was er ist: unabänderlich selbstidentisch. Genaugenommen kann kein Befehl von ihm irgendetwas Neues ins Dasein bringen, denn das Sein ist da, zeitlos, ewig aktuell, unendlich, vollendet. Der Name »Gott« wird zu einem Beinamen für die höchste Nichtigkeit des Absoluten. Folglich ist nicht nur das Böse nichts, auch das Gute ist nichts, denn was immer an Gutem hervorgebracht wird oder jemals hervorgebracht werden könnte, es vermehrt nicht die bestehende Menge. Dies enthüllt einen anderen Aspekt des *horror metapyhsicus:* Wenn Gott das Absolute ist, dann gibt es kein Gutes und kein Böses und *a fortiori* keine Unterscheidung zwischen ihnen.

In der Tat bieten uns nicht nur die Bibel, sondern auch die heiligen Schriften anderer Zivilisationen das Bild eines Gottes, der nicht die totale Fülle des Seins ist, sondern sich an den guten Taten der Bewohner dieser Welt freut und dadurch vermutlich reicher wird. In den platonisierenden Strömungen der christlichen Theologie – bei Scotus Eriugena, bei Eckhart, bei Cusanus, bei den deutschen Pantheisten des 16. und 17. Jahrhunderts – fehlt es nicht an Spekulationen über einen Gott, der im Akt der Selbstentäußerung oder gar Selbstverstümmelung im Leib des Universums und in der beschwerlichen Mühsal der menschlichen Kreatur wächst. Es scheint, als habe Gott in dieser Sicht die undurchdringliche Schale seiner »aseitas« zertrümmern, aus seiner Einheit ausbrechen, sich ausdehnen und in das Universum hineinwagen müssen, um zu werden, was er nur potentiell war: eine Person. Seine in sich selbst ruhende Subsistenz »vor« der Zeit ist danach für uns unerreichbar, unausdrückbar und sogar gleichgültig; sie kann getrost in das blasse Reich der Negativität, der Nichtigkeit, gestoßen werden. Erst dadurch, daß er als Schöpfer, Liebender und Gesetzgeber »etwas« wird, kann Gott angesprochen oder geliebt werden.

Und entspricht es nicht dem gesunden Menschenverstand, mit Hegel zuzugeben, daß personales Leben (oder Selbstbewußtsein) nur denkbar ist im Kontakt und Austausch – gleichgültig ob Liebe oder Kampf – zwischen Personen, anders gesagt, daß es keinen in sich abgeschlossenen persönlichen Geist gibt? Es ist uns nicht möglich, eine göttliche Person zu verstehen, die nicht mit anderen personalen – und nicht unbedingt göttlichen – Wesen, wie wir es sind, in Beziehung steht und kommuniziert. In dieser theogonischen Perspektive, die, auch wenn es wiederholt verbal geleugnet wurde, für das neuplatonische christliche Denken eine ständige Versuchung war, darf man getrost sagen, daß wir, indem wir zur Güte der Welt beitragen und das Böse meiden, das Sein wachsen lassen. Wenn wir wirklich zwischen dem Guten und dem Bösen eine Wahl treffen, lassen wir das Sein wachsen. Dies ist es, was dem Ausspruch Heideggers – »Der Mensch ist der Hüter des Seins« – möglicherweise einen Sinn gibt, gleichgültig ob Heidegger es so gemeint hat oder nicht.

Enthüllt ein solcher, zugegebenermaßen ketzerischer Anspruch nicht den menschlichen Eigendünkel? Suggeriert er nicht, daß Gott sich gewissermaßen nicht richtig um sich selbst kümmern kann und wir ihn in Schutz nehmen und ihm helfen müssen? Möglich. Aber dieser Dünkel, weit davon entfernt, selbstsüchtig zu sein oder unseren Machthunger zu rechtfertigen, läßt sich vereinbaren mit der Idee, daß die Güte, selbst wenn sie von uns in die Tat umgesetzt wird, nicht auf uns selbst zurückgeht; und er bedeutet auch nicht, daß wir willkürlich entscheiden, was gut oder böse ist, sondern er besagt lediglich, daß es an uns ist, zwischen ihnen zu wählen. Wir dürfen uns einbilden, selbst die Wahl zu treffen, und zugleich können wir demütig zugeben, daß wir die Bedingungen der Wahl vorfinden und sie nicht nach unserem Gutdünken definieren können. Dann aber widerspricht der Dünkel nicht der empfehlenswerten Demut, die uns der christliche Glaube gelehrt haben sollte.

Unter dieser Perspektive ist es kein unsinniger Gedanke, daß wir, indem wir dazu beitragen, das Sein wachsen zu lassen oder zu schwächen, tatsächlich einen Weg eröffnen, um das Sein und damit die Existenz zu verstehen. Dies ist wiederum eine genuin platonische und zugleich genuin biblische Einsicht, die in der Geschichte des christlichen wie des jüdischen Denkens bei unzähligen Gelegenheiten aufgegriffen und zum Ausdruck gebracht wurde, und zwar nicht unbedingt von Denkern, die selbst platonischer Ausrichtung waren (wir finden sie sehr oft in der mystischen Literatur; sie war verbreitet unter den Erasmianern). Unterschiedlich artikuliert, läuft diese Einsicht auf eine recht einfache Idee hinaus: Es gibt keine rein intellektuelle Erkenntnis Gottes; sofern wir nur in der Spekulation zu ihm gelangen, bleibt er ein leerer Begriff, nicht nur nutzlos im Leben, sondern auch in kognitiver Hinsicht unwirksam; wir erkennen Gott im Maße unserer Frömmigkeit: »Der Herr ist nahe bei denen, die zerbrochnen Herzens sind« (Ps. 34,19), *timor Dei initium sapientiae* usw. Sowohl die prophetischen als auch die Lehrbücher des Alten Testaments setzen immer wieder die Weisheit mit Frömmigkeit, Rechtschaffenheit, Gehorsam und Demut gleich.

Hier ist jedoch eine kurze historische Einschränkung nicht unangebracht. In der neueren Geschichte der römischen Kirche besteht über diesen Punkt eine gewisse Unklarheit. Auf der einen Seite rücken sowohl das biblische Vermächtnis als auch die Schriften zahlreicher Kirchenväter und anerkannter Mystiker – darunter Bernhard v. Clairvaux, Bonaventura, Johannes Tauler, Thomas von Kempen, Johannes vom Kreuz und Teresa von Avila – die Erkenntnis Gottes nachdrücklich in einen Zusammenhang mit der Frömmigkeit, der Anbetung, dem Glauben, der Hoffnung und der Nächstenliebe, womit sie eindringlich zu verstehen geben, daß eine rein spekulative Erkenntnis *in divinis* nicht nur wertlos ist für die Erlösung – was natürlich kein Christ bestreiten kann –, sondern eigentlich gar keine Erkenntnis. Würde diese Lehre uneingeschränkt ernstgenommen, so würden höchstwahrscheinlich die gesamte natürliche Theologie und ein Gutteil der scholastischen Tradition folgenlos, und auch die altehrwürdige Unterscheidung zwischen *scientia* und *sapientia* würde dagegen nichts ausrichten. Die unversöhnliche philosophiefeindliche Tendenz, für die Lactantius' *De falsa sapientia* ein klassisches Monument darstellt, ist in der christlichen Kultur nie ganz ausgestorben, und die Briefe des Paulus statten sie mit einer dauerhaften Legitimität aus. Auf der anderen Seite ist der rein intellektuelle Weg zu Gott von der Kirche nicht nur nicht verneint worden, sondern er gehört tatsächlich zu ihrem dogmatischen Bestand. In den Wirren der Gegenreformation, als man Luther und anderen Reformatoren, die für die natürliche Theologie nur Geringschätzung übrig hatten und sämtliche christlichen Tugenden in den undifferenzierten Glaubensakt verlegten, unbedingt entgegentreten mußte, bekam die Verteidigung der Autonomie und des Wertes der spekulativen Gotteserkenntnis größeres Gewicht. Dem eigenständigen Wert der Vernunft und der Erkenntnis Raum zu lassen, war nicht weniger wichtig, als die legalistische Tradition der Kirche zu verteidigen, die schließlich der unverzichtbare Stützpfeiler ihrer Legitimität war. Ähnliche Probleme sollten zu Beginn unseres Jahrhunderts als Ergebnis der Krise des Modernismus auftreten.

Aber wir brauchen uns jetzt nicht mit den verwickelten Einzelheiten der Streitfrage »Frömmigkeit oder Erkenntnis« innerhalb der Geschichte der christlichen Dogmen abzugeben. Diese Streitfrage reicht weit über diese spezifische Geschichte hinaus; daß unsere Erkenntnis des Absoluten ein Aspekt unseres gesamten geistigen Lebens ist, insbesondere der Art, wie wir gut und böse als unser eigenes Gutes und Böses erfahren, ist Bestandteil des buddhistischen, des jüdischen, des christlichen und des platonischen Erbes; daß wir in dieser Erfahrung nicht nur einen wie auch immer verschwommenen, wie auch immer flüchtigen und »unwissenschaftlichen« Zugang zum Reich des Seins gewinnen, sondern daß wir dieses Sein selbst bereichern oder ärmer machen, ist kein genau kodifizierter und korrekt eingeordneter Bestandteil einer dieser Traditionen, sondern eine Einsicht, die sich im Mythos wie in der philosophischen Untersuchung über die gesamte Geschichte der Zivilisationen verstreut findet. In der Sprache der Mythen äußert sie sich in dem Glauben, daß Gott über unser Verhalten erfreut oder betrübt sei. In der Sprache der Metaphysik findet diese Einsicht unterschiedliche Formulierungen: Es heißt zum Beispiel, daß Gott in unserer Seele aus Nichts zu »Etwas« werde; daß das Menschengeschlecht als eine Vorhut des Universums die gesamte Schöpfung der letztendlichen Versöhnung mit dem Schöpfer entgegenführe; daß Gott als *natura non naturata non naturans* die Welt in sich aufsaugen werde, ohne ihre Mannigfaltigkeit zu zerstören; kurz, daß wir für Gott eine notwendige Hilfe sind beim Aufbau des *Ultimum,* dabei, daß Er wird, was Er ist, ja, daß es »ihn ... tausendmal heftiger nach dir (drängt) als dich nach ihm« (so bei Meister Eckhart in der Predigt über Lukas 2,42; dies sagte er ungeachtet dessen, daß die Geschöpfe ihm zufolge kein Sein haben, sondern bloße Nichtigkeit sind und die »Geburt Gottes in der Seele« dadurch zustande kommt, daß der Mensch sich selbst zur Passivität bringt).

Die Ansicht, daß wir das Sein erfahren, indem wir es durch unsere guten und bösen Taten erweitern oder beeinträchtigen, ist eine sehr unkantianische und nicht-pragmatische Vorstellung vom »*Primat* der praktischen Vernunft«. Sie ist unkantianisch insofern, als sie die Regeln der praktischen Vernunft nicht aus den universalen Normen der transzendentalen Rationalität herleitet, an der alle teilhaben (für Kant beruht die Geltung des kategorischen Imperativs letztlich darauf, daß ich ihn nicht ablehnen kann, ohne in einen inneren Widerspruch zu geraten). Unkantianisch ist sie auch deshalb, weil sie suggeriert, daß wir durch die praktische Erfahrung des Guten und Bösen in uns einen Einblick in das Sein gewinnen, statt es dadurch zu erkennen, daß wir die Forderungen der praktischen Vernunft rational mit der empirischen Wirklichkeit in Einklang zu bringen versuchen. Und sie ist auch insofern unkantianisch, als sie keine neue philosophische Lösung für das alte Mysterium bietet, sondern nur eine traditionelle Glaubensvorstellung explizit macht. Schließlich ist sie höchst unkantianisch in dem Sinne, daß die wie auch immer bescheidene oder unbescheidene Bekanntschaft mit dem Sein, wenn sie auf diese Weise erlangt wird, nicht in eine allgemeingültige Theorie umgesetzt werden kann; sie beruht auf einer Erfahrung, in die die Menschen gewiß durch ihre Erziehung eingeführt werden, die aber erst dadurch Gültigkeit erlangt, daß wir uns selbst als Trägern des Guten und des Bösen begegnen. Sie ist darüber hinaus nicht pragmatistisch; sie verwirft das metaphysische Fragen nicht nach Maßgabe des Nützlichkeitskriteriums, noch ist sie bereit, diesem Fragen unter Berufung auf das nämliche Kriterium Gültigkeit zu verleihen.

Daß es sich um eine traditionelle Ansicht handelt, wird indirekt durch die Tatsache bestätigt, daß die Schwächung des metaphysischen Glaubens und des religiösen Kultus, wie die historische Erfahrung eindeutig zeigt, mit dem allmählichen Verschwinden der Vorstellungen von Gut und Böse einhergeht, wobei offen bleiben kann, wo der Niedergang zuerst eingesetzt hat; wie überholt, wie altmodisch und sinnlos diese Vorstellungen in unserer Zivilisation geworden sind – zumindest zum gegenwärtigen Zeitpunkt –, braucht nicht erst bewiesen zu werden.

Wenn uns diese Ansicht glaubhaft und einleuchtend erscheint, verändert sie unsere hoffnungslose Jagd nach dem überaus Unfaßbaren: der Existenz im Sinne eines ursprünglichen, irreduziblen Akts, der nicht von seiner Beziehung zu irgendeinem kognitiven Vorgang abhängt, nicht empirisch überprüfbar ist und weder in der intellektuellen Intuition des Absoluten noch in der existentiellen Intuition des *Cogito* gegeben ist. Die Intuition der Existenz gründet dann nicht in der zuvor erlangten Kenntnis des Absoluten oder des *Cogito*, sondern in einer Bewegung, die, so empfinden wir es, das Sein durch das Gute oder Böse unserer Handlungen wachsen oder schwinden läßt. Das Sein wird innerhalb der Selbstwahrnehmung von Gut und Böse verständlich.

Alter Ego

Damit wird – nach dem Absoluten – auch das *Cogito* als letzte Grundlage zumindest im kartesianischen Sinne beseitigt. Es wird jedoch nicht in der Weise beseitigt, wie sich das die Empiristen vorstellen. Die Illusion einer direkten (»unvermittelten«) Intuition des »Selbst« wird nicht durch die schlichte Tatsache zerstreut, daß eine vorsprachliche Wahrnehmung sich nicht unverfälscht in eine Theorie, geschweige denn in eine theoretische Grundlage der Erkenntnis umsetzen läßt; man kann immer noch plausibel argumentieren, daß eine solche Wahrnehmung, mag sie auch unausdrückbar sein, dennoch Gültigkeit besitzen kann, zumindest im vorliegenden Fall, und uns eine Einsicht vermitteln kann, die, wie ich anzudeuten versuchte, für uns ein paradigmatischer Fall von »Existenz« ist. Es geht vielmehr darum, daß das, was ich im *Cogito* erreicht habe, nicht mein Selbst im Sinne einer metaphysischen Entität ist; als ein *de iure* in sich geschlossenes Universum steht es mir nicht offen.

Durch die Abschließung des Ego als eines erkenntnistheoretischen Grundes, über den hinaus es nichts gibt, hat Descartes das einfühlende Verstehen eines *alter ego* unmöglich gemacht. Nur die unsichere, indirekte Induktion überzeugt mich davon, daß es außer mir selbst ein Ego gibt. Es ist sogar höchst zweifelhaft, ob diese induktive Schlußfolgerung gerechtfertigt ist unter der Bedingung, daß Analogieschlüsse legitimerweise nicht gezogen werden können, wenn ein *alter ego* unter dem unfehlbaren Schutz seiner eigenen Exklusivität steht und gegen jeglichen Zugang abgeschirmt ist.

Der Sachverhalt ist im Grunde trivial und bei vielen Gelegenheiten von vielen benannt worden, die anzuführen ein überflüssiges Prunken mit großen Namen wäre: Bestandteil einer menschlichen Gemeinschaft zu sein und in Kommunikation mit anderen zu stehen, ist ein nicht fortzudenkender Bestandteil dessen, was unangemessen »das Ich« genannt wird (unangemessen deshalb, weil »ich« kein Substantiv ist). Meine Lebensführung, mein Handeln und Fühlen hängen sowohl von dem ab, was andere Menschen von mir erwarten, als auch von der Unterstützung, die sie mir gewähren. Ob ich wirklich ein Teil der Gemeinschaft bin, hängt somit von dem Maß ab, in dem ich diese Erwartungen erfülle, und das bedeutet, daß ich, um Teil der Gemeinschaft zu sein, mich selbst unter dem Aspekt von Gut und Böse sehen muß. Das Bewußtsein von Gut und Böse ist somit eine Bedingung, die es mir ermöglicht, Teil der Gemeinschaft zu sein, und damit Bedingung meiner fortwährenden Selbstvergewisserung, ich selbst zu sein. Das »Ego« besteht unter anderem in dem Bewußtsein von Gut und Böse. Dadurch, daß er es einschloß, hat der Kartesianismus das Ego ins Nichts gestoßen. Es wird wieder aufgeschlossen und der Wirklichkeit zurückgegeben, wenn es in diesem Bewußtsein und somit in Kommunikation konstituiert wird; das heißt keineswegs, daß es »nur« ein Teil ist und keinen eigenen ontologischen Status besitzt, daß es vollkommen – sowohl logisch wie ontologisch – vom gesellschaftlichen »Ganzen« abgeleitet und ihm gegenüber sekundär ist (wie

Comte und Bradley glaubten); es kann durchaus sein, daß es durch die Tatsache, ein Teil zu sein, zwar nicht erschaffen, aber aktuell gemacht wird.

Das »Selbst« als eine ontologisch eigenständige Entität aufzufassen, die durch Kommunikation im Bereich von Gut und Böse aktuell (oder zu einer Person) wird, bedeutet außerdem, daß das Selbst in einer historisch fortdauernden Gemeinschaft angesiedelt ist und sich dieser Zugehörigkeit wie undeutlich auch immer bewußt ist; eine Gemeinschaft ist mit anderen Worten nur dann wirklich, wenn sie frühere und sogar hypothetische künftige Generationen umfaßt, wenn sie in einem geistigen Raum lebt, in dem die Vergangenheit aktuell ist; eine Art von Kommunikation mit den Geistern der Ahnen und der Respekt vor den Gräbern sind immer ein natürlicher Ausdruck des Bewußtseins gewesen, daß dieser geistige Raum wirklich besteht. Daß die Wirklichkeit des Selbst und das Gefühl, einer historisch definierten Gemeinschaft anzugehören, miteinander zusammenhängen, wird wiederum dadurch bestätigt, daß sie in unserer Zivilisation beide im Niedergang begriffen sind. Der Respekt vor den Gräbern, vor den Leibern der Toten und das Bewußtsein, in einem menschlichen Gemeinwesen zu leben, das sich über die gegenwärtige Generation hinaus in die Vergangenheit und die Zukunft erstreckt, schwinden *pari passu* mit dem Zusammenbruch der Wirklichkeit des Selbst dahin. Je mehr die historische Gemeinschaft als unwirklich wahrgenommen wird, um so weniger bin »ich« selbst wirklich. Wenn diese Bemerkung rousseauisch klingt, dann sei es so.

In dem Bemühen, das Selbst zu retten und es zugleich seiner gemeinschaftlichen und geschichtlichen Dimensionen zu berauben, hat Descartes, was immer seine Intentionen gewesen sein mögen, »mich« ebenso unwirklich gemacht wie die Gemeinschaft, die Geschichte oder Gut und Böse.

Das Fazit dieses halb kartesianischen und halb antikartesianischen, halb platonischen und halb antiplatonischen Diskurses kann keinen Anspruch darauf erheben, neue Entdeckungen zu bieten. Es lautet:

Es gibt keinen Zugang zu einem erkenntnistheoretischen Absoluten, und es gibt keinen privilegierten Zugang zu dem absoluten Sein, der zu einer verläßlichen theoretischen Erkenntnis führen könnte (diese letztere Einschränkung ist erforderlich, weil wir nicht *a priori* die Realität der mystischen Erfahrung ausschließen können, die gewissen Menschen diesen privilegierten Zugang verschafft; ihre Erfahrung läßt sich jedoch nicht zu einer Theorie umschmieden). Diese zweifache Verneinung muß nicht unbedingt im pragmatistischen Nihilismus enden; sie läßt sich vereinbaren mit der Überzeugung, daß aufgrund der Tatsache, daß wir im Bereich von Gut und Böse leben und das Gute wie das Böse als unser eigenes erfahren, eine metaphysische und nicht-pragmatische Einsicht möglich ist.

Diese Verneinung erklärt aber, warum die Philosophie – genau wie Peter Pan – niemals reif wird.

Über alle möglichen Sprachen (2)

Warum sollte all dies geglaubt werden? Für einen solchen Glauben gibt es natürlich keine Gründe, die zu den allgemein anerkannten Denkregeln gehören würden, die ihrerseits ihre Geltung von einem allgemein anerkannten erkenntnistheoretischen Absoluten herleiten, eben weil ein solches Absolutes nicht erreichbar ist. Ob einige der traditionellen Lehrmeinungen, die ich neu zu formulieren versucht habe, glaubwürdig sind oder nicht, hängt von der Wahl ab, die wir unter allen möglichen Sprachen treffen. Diese Wahl ist jedoch weder willkürlich, noch läßt sie sich von einem zuvor erworbenen Wissen hinsichtlich der kognitiven Vorzüge oder der Überlegenheit einer Sprache gegenüber der anderen leiten; ein solches Wissen würde höhere Geltungskriterien fordern und damit dem notorischen skeptischen Zirkel verfallen. Die Wahl ist dennoch nicht willkürlich, sie ist nicht blind oder zufällig. Sie besteht im Grunde darin, explizit zu machen, was wir bereits erkannt haben.

Wenn wir unter allen möglichen Sprachen eine operational und intelligibel und damit einen metaphysischen oder erkenntnistheoretischen Standpunkt glaubwürdig machen, beginnen wir nie mit dem Ursprung. Die Wahl unter allen möglichen Sprachen wird nicht von Gott, sondern von Zivilisationen getroffen. Philosophien sprechen die Bestrebungen und die Entscheidungen von Zivilisationen aus; das heißt nicht, daß Philosophen passive Kanäle oder phonographische Instrumente sind, die von Zivilisationen dazu benutzt werden, sich selbst auszudrücken (wie es Hegelianer gelegentlich zu glauben scheinen). Indem sie – die Philosophen – eine Zivilisation explizit machen, helfen sie ihr, sich zu erweitern und sich zu behaupten, ganz ähnlich wie wir uns, indem wir uns zum Ausdruck bringen, neue und unerwartete Wege unserer eigenen Entwicklung eröffnen. In gewissem Sinne sind auch Philosophien gezwungen, ihre Wahl zu treffen; da sie begrenzt und niemals unparteiisch sind, betonen sie unausweichlich bestimmte Aspekte ihrer Zivilisation auf Kosten anderer. Zivilisationen – zumindest diejenigen, die für ihren Selbstausdruck auf Philosophie angewiesen sind und die uns durch dieses Medium bekannt sind – sind niemals vollkommen kohärent; wären sie es, so würden sie träger Selbstgefälligkeit verhaftet bleiben und sich selbst in den Untergang treiben. Es ist daher unausweichlich, daß das Medium die Botschaft verzerrt. Indem sie die verborgenen Prämissen einer Zivilisation in selektiver Weise aufdecken, ihr dadurch zu einem partiellen Selbstverständnis verhelfen und dieses Selbstverständnis mit ihren persönlichen Vorlieben einfärben, schaffen große Philosophen, auch wenn sie nicht aus ihrer Zeit auszubrechen vermögen, doch Punkte der Diskontinuität und treiben den »Zeitgeist« in eine neue Richtung; in welchem Maße die Ergebnisse dieser Arbeit als eine Fortsetzung oder als ein Bruch in der Geschichte der Kultur anzusehen sind, ist gewöhnlich selbst noch Jahrhunderte später umstritten.

Wenn Philosophen in dem Bemühen, die unausgesprochenen Bestrebungen ihrer Zeit auszudrücken, von ihrem eigenen Einfallsreichtum Gebrauch machen, schaffen sie gewollt oder ungewollt neue Sprachen – oder sie wirken doch daran mit, neue Sprachen zu schaffen oder vielleicht in Umlauf zu setzen. Manche dieser Sprachen erweisen sich als Totgeburten und geraten rasch in Vergessenheit. Andere behaupten sich und schlagen Wurzeln im Boden der Kultur, aber dann sind sie gewöhnlich nicht unmittelbar, auf natürliche Weise, überzeugend oder auch nur verständlich. Ob man eine neue Sprache der Philosophie versteht, ist in der Regel eine Frage der geistigen Bekehrung: Die Akte des Verstehens und des Glaubens sind ununterscheidbar, vielleicht geht sogar der letztere dem ersteren voraus.

Betrachten wir den ersten Satz von Wittgensteins *Tractatus*, der nicht weniger aufschlußreich ist, auch wenn er ungleich seltener zitiert wird als der berühmte letzte Satz. Er lautet: »Dieses Buch wird vielleicht nur der verstehen, der die Gedanken, die darin ausgedrückt sind – oder doch ähnliche Gedanken – schon selbst einmal gedacht hat.« Dies zu sagen läuft auf eine Wiederholung des *»credo ut intelligam«* hinaus (der Ausspruch paßt übrigens nicht recht mit Wittgensteins Überzeugung zusammen, eine vollkommen klare, endgültige Lösung, eine definitive Wahrheit etc. geliefert zu haben). Tatsächlich ist dieses Prinzip in der Philosophie nicht minder wirksam als im religiösen Glauben: Wenn wir einmal die positivistischen und materialistischen Antiphilosophien außer acht lassen, wird eine Philosophie durch eine Art Initiation verständlich, der kein Akt intellektuellen Verstehens vorausgeht; wir verstehen sie, indem wir ihr zustimmen, gleichgültig ob unsere Zustimmung mit der Selbstinterpretation des Denkers in Einklang steht oder nicht. Deshalb beklagen sich Philosophen so oft darüber, mißverstanden zu sein. Nach Ansicht Wittgensteins hat Bertrand Russell den Sinn des *Tractatus* nicht verstanden; Hegel soll gesagt haben, nur ein Mensch habe ihn verstanden, und der habe ihn falsch verstanden. Einige Gelehrte sind der Meinung, daß Aristoteles nach zwei Jahrzehnten in der Akademie Plato nicht verstanden habe, und dieser habe wiederum, nachdem er mehrere Jahre in Gesellschaft des Sokrates verbracht hatte, nicht gewußt, worum es in der Lehre des Meisters ging. Avicenna hatte die *Metaphysik* vierzigmal gelesen, bevor ihm allmählich der Sinn aufging, Jansenius mußte den gesamten Augustinus zehnmal und seine Werke über die Gnade dreißigmal lesen, bevor er seine umfangreiche ketzerische Abhandlung niederzuschreiben wagte, James entstellte Pierce nicht weniger, als Sartre Heidegger entstellte usw.

Das wechselhafte Geschick der Philosophie wimmelt von solchen Geschichten, die dem kühnen Anspruch der Philosophie auf Wahrheit und Genauigkeit auf den ersten Blick ein wenig schmeichelhaftes Zeugnis auszustellen scheinen, die aber vielleicht bei näherer Prüfung einfach das soeben erwähnte Prinzip bestätigen. Es gibt keine allumfassende Sprache, und es gibt ebensoviele mögliche Sprachen, wie es mögliche Standpunkte gibt, von denen aus das Sein und das Nichts beobachtet werden können, und das bedeutet: unbegrenzt viele. Und es gibt keinen Standpunkt, der sämtliche Perspektiven zugleich erschließt, es sei denn, er fiele zusammen mit dem göttlichen Auge. Gelegentlich können wir von einem Standpunkt zu einem anderen überwechseln, ohne unsere bisherige Sicht zu vergessen, und dadurch sind wir imstande, die Wahrheit mehrerer metaphysischer Perspektiven wahrzunehmen, die miteinander kollidieren, sobald man sie auf eine vermeintlich gemeinsame Sprache reduziert. In der Regel aber bleiben wir einem Standpunkt treu, zu dem uns die zwingenden Kräfte unserer Zivilisation sowie unsere geistigen Präferenzen, unsere Verlockungen und Begierden getrieben haben. Daher nehmen ich und mein Nachbar wirklich verschiedene Dinge wahr.

Dies ist es, was eine Reihe von Philosophen und Linguisten behauptet hat: daß nämlich die Identifikation von Objekten sowohl in der Sprache wie in der Wahrnehmung von praktischen Erwägungen, von Bedürfnissen, vom Willen geleitet sei, kurz, von einem Interesse, sei es nun ein artgebundenes und damit allgemein menschliches oder das spezifische Interesse einer bestimmten Gesellschaft, einer bestimmten Zivilisation oder gar eines einzelnen. Dies erscheint unvereinbar mit der Anschauung, daß es einfache Objekte geben müsse, es sei denn, man betrachtet diese Anschauung als eines von vielen Weltbildern, die alle gleichermaßen gültig sind. Dieses Prinzip der Pluralität gleichberechtigter Ansichten läßt sich *a fortiori* auf die Sprache der Metaphysik anwenden.

Aber damit sind wir wieder dort, wo unser Horror

einsetzte. Wie kann ich an einer bestimmten Sprache (oder an einem Standpunkt, von dem aus die Welt betrachtet wird, oder an einer Regel für die Interpretation der gesamten Erfahrung) festhalten und ihr nicht eine überragende kognitive Stellung zuschreiben? Wenn ich aber behaupte, über eine höhere oder gar eine absolute Sprache zu verfügen, dann ist es entweder eine solche, die sich nur dazu eignet, über andere Sprachen, nicht aber über die Wirklichkeit, auf die diese sich beziehen, zu sprechen, oder es wird eine Idealsprache sein, von der die anderen unvollkommene Dialekte sind. Im letzteren Falle wäre es wirklich eine göttliche, absolute Sprache, die alle erdenklichen Standpunkte umfaßt. Eine solche Sprache ist unmöglich; selbst Gott muß sich, wenn er durch den Mund eines Propheten spricht, in eine menschliche Sprache übersetzen; die Übersetzung ist eingestandenermaßen entstellend, und so haben wir keinen Zugang zum Original. Im ersteren Falle mag es durchaus sein, daß meine partikulare Sprache (eine Sprache der ersten Stufe, eine dingbezogene Sprache) keinerlei Anspruch auf einen privilegierten Standpunkt erhebt, aber *in ihr* werde ich nicht erklären können, daß sie diesen privilegierten Standpunkt nicht einnimmt: Dazu müßte ich meine Sprache verlassen und mich einer Super- (oder Meta-)sprache zuwenden, in der mein partikularer Standpunkt nicht ausgedrückt werden kann.

Wenn ich also großmütig sage: »Alle metaphysischen Standpunkte sind gleichermaßen gut«, dann nehme ich überhaupt keinen Standpunkt ein, ich bringe lediglich das Toleranzprinzip zum Ausdruck, das, so lobenswert es ist, ein formales Prinzip ist und niemals eine metaphysische Idee hervorbringen oder auch nur ermutigen wird. Wenn ich versuche, dieses Prinzip zu beachten und es mit meinem partikularen Standpunkt zu kombinieren, bin ich unlogisch, denn dann sage ich ja: »Mein Standpunkt ist ebensogut wie jeder andere, auch wenn er mit den anderen unvereinbar ist«; dann kann ich aber nicht verständlich machen, in welchem Sinne dieser Standpunkt *mein* ist – im Unterschied zu den Standpunkten anderer. Tolerante Großzügigkeit bietet leider keinen Ausweg aus dem Paradoxon der Selbstbezüglichkeit.

Der polnische Logiker und Maler Leon Chwistek behauptete in seinem 1921 erschienenen Buch über die »Pluralität der Realität«, es gebe vier Arten von Realitäten, die voneinander unabhängig seien und vermutlich nicht miteinander kollidierten: die Realität der Dinge, wie sie der Alltagsverstand wahrnimmt, die Realität der Naturwissenschaft, die Realität der Impressionen und die der Phantasie. Ihren künstlerischen Ausdruck finden sie in der primitivistischen, der naturalistischen, der impressionistischen und der futuristischen Malerei. Dann aber argumentierte er, diese Pluralität rechtfertige eine unbegrenzte Zahl von gleichermaßen gültigen Weltanschauungen, von denen keine beweisbar, aber jede annehmbar sei, vorausgesetzt, sie versuche nicht, für sich ein Wahrheitsmonopol zu errichten. Auf traditionelle Fragen wie die nach der Willensfreiheit, nach dem Verhältnis von Leib und Seele oder nach der Objektivität der Werte können in zulässiger Weise unterschiedliche Antworten gegeben werden, sofern man diese auf eine oder einige der vier Realitäten begrenzt.

Die Theorie der vielen, wie auch immer gekennzeichneten Realitäten, mag sie in diesem Falle auch nur als eine metaphysische Erklärung der Malerei entstanden sein, ist ein einleuchtendes und verlockendes Bild der Welt, aber wenn sie als ein erkenntnistheoretischer Satz verstanden wird, stößt sie – bei Chwistek wie bei William James – auf ein unüberwindliches Hindernis: Wie kann die Überlegenheit einer Theorie des Seins in der gleichen Sprache erklärt werden, in der diese Theorie formuliert ist? Sollen wir erklären, daß die Aussage »Alles ist notwendig« letzten Endes ebenso gültig sei wie »Nichts ist notwendig mit Ausnahme von logischen Beziehungen«, und die Lehrmeinung »Das Wort ›ich‹ besitzt kein Denotat« sei ebenso wahr wie die Lehrmeinung »Alles, was ein Denotat besitzt, ist auf das ›ich‹ bezogen«? Werden wir eines Tages ein Genie erleben, das nicht einfach nur behauptet, sondern beweisen wird, daß Augustinus, Spinoza, Hume, Kant und Hegel von einem höheren Standpunkt aus entweder dasselbe sagten oder doch zumindest vollkommen miteinander zu vereinbarende Visionen der Realität vortrugen, da diese aus unterschiedlichen Blickwinkeln gesehen werden kann? Ein von Martin Buber zitierter Zaddik sagte, all die einander widersprechenden Aussagen von jüdischen Weisen seien im Himmel wahr, denn im Himmel seien alle Wahrheiten vereint. Wir werden sehen.

Wenn voneinander unabhängige Schichten der Realität zu ihrer Beschreibung voneinander unabhängige Sprachen erfordern, dann spricht sehr viel für die Vermutung, daß diese Sprachen ganz und gar unübersetzbar (ineinander) sind, und dann kann man in der Tat die Meinung vertreten, daß unterschiedliche Weltanschauungen in völliger gegenseitiger Indifferenz nebeneinander existieren können: Sie können nicht miteinander konfrontiert werden, sie können einander nicht widersprechen. Aber diese Aussage, daß »sie nicht miteinander konfrontiert werden können usw.«, wird in einer höheren Sprache ausgedrückt, die ihrerseits metaphysisch leer ist. Damit befinden wir uns wieder in dem gleichen Dilemma: *Entweder* beschränken wir uns auf diese höhere Sprache, und unsere Urteile sind irrelevant für die realen Sorgen, von denen die Philosophie lebt, *oder* wir legen uns auf einen bestimmten metaphysischen Standpunkt fest und erklären, daß dieser in sich geschlossene Standpunkt mit anderen Standpunkten, die vermeintlich mit ihm konkurrieren, nicht in Einklang gebracht werden beziehungsweise ihnen nicht widersprechen könne, und mit dieser Selbstinterpretation wird unser Standpunkt wiederum irrelevant für die realen Sorgen, von denen die Philosophie lebt.

Es gibt einen Grund, warum der metaphysische Ökumenismus weniger glaubwürdig und logisch fragwürdiger ist als der religiöse.

Wenn die Romantiker und manche ihrer Nachfolger in unserem Jahrhundert, seien es religiöse Weise oder Gelehrte, in unterschiedlicher Formulierung den Ausspruch von William Blake wiederholt haben, daß »alle Religionen eins sind«, dann schwebte ihnen einer von zwei möglichen Inhalten vor, und in manchen Fällen haben sie sie nicht klar voneinander unterschieden.

Daß »alle Religionen eins sind«, könnte bedeuten, daß es einen wie auch immer begrenzten Grundbestand an benennbaren und ausdrückbaren wichtigen Glaubensüberzeugungen gibt, die allen Religionen gemeinsam sind und in denen die Anhänger aller Religionen sich wiedererkennen werden. Diese Ansicht mag stimmen oder nicht, aber sie impliziert, daß die Religion eine Ansammlung von Aussagen ist, die teils von Bedeutung und teils unbedeutend sind, und daß die bedeutsamen in allen bekannten »Glaubenssystemen« vorkommen.

Andererseits könnte dieser Ausspruch bedeuten, daß alle Religionen kulturgebundene Ausdrucksformen einer menschlichen Erfahrung sind, die im Grunde überall dieselbe ist, die aber nie in ihrer reinen, ursprünglichen Qualität geäußert werden kann, sondern sich in eine Vielzahl von Riten, Mythen, Dogmen, Tabus und Normen kleidet, die allesamt nicht den Anspruch erheben können, ausschließliche Geltung zu genießen. Der Kern des religiösen Lebens ist in der Tat überall derselbe, aber er besteht nicht in doktrinären Behauptungen, die sich im Sinne eines einheitlichen Prinzips aus den zahllosen kultischen Formen herausdestillieren ließen; sobald dieser Kern in Worte gefaßt wird, kann er nicht anders, als einer bestimmten Zivilisation anzugehören; Menschen aus verschiedenen Epochen und verschiedenen Kulturbereichen mögen die gleiche Erfahrung miteinander teilen, aber sobald sie versuchen, ihr den angemessenen »theoretischen« Ausdruck zu geben, scheitern sie: Menschen aus anderen Zivilisationen erkennen sich in dieser Rekonstruktion nicht wieder.

Man kann getrost sagen, daß die erste der beiden Deutungen falsch ist. Es ist höchst unwahrscheinlich, daß man ein universales Dogma finden wird, das wirklich in allen Religionen wiederkehrt, es sei denn ein an Sinnlosigkeit grenzender verschwommener Gemeinplatz oder eine unumstrittene Platitüde. Die zweite Deutung ist sehr viel plausibler, wenn nicht im Sinne einer empirisch oder historisch beweisbaren Theorie, so doch im Sinne einer fruchtbaren hermeneutischen Regel. Jedenfalls hilft sie uns, in disparaten und unzusammenhängenden Formen religiösen Lebens übereinstimmende Sinngehalte aufzuspüren, ohne deshalb zu behaupten, daß der so entdeckte gemeinsame Sinn den wirklichen, historisch entstandenen Kultus ersetzen könnte. Sie schließt sogar die wie auch immer unwahrscheinliche und fernliegende Möglichkeit nicht aus, daß eine allumfassende menschliche Religionsgemeinschaft eine gemeinsame Kultsprache finden könnte; doch selbst dann wird der Ausdruck der religiösen Erfahrung immer noch symbolisch und historisch bedingt sein, denn die Kluft zwischen der tatsächlichen Erfahrung und all unseren symbolischen Formen, mögen sie auch noch so vielfältig und weitverbreitet sein, bleibt unüberbrückbar.

Der philosophische Ökumenismus leidet nicht an dieser Mehrdeutigkeit, weil die Philosophie dazu berufen ist, sich ausschließlich in der Sprache zu artikulieren und Argumente vorzubringen; sie darf sich – zumindest scheint es so – bei der Suche nach ihrer gemeinsamen Grundlage nicht auf eine unausdrückbare Erfahrung berufen: falls es sie gibt, wird eine solche Grundlage die Form von Sätzen haben, die den Ansprüchen der Logik zu genügen suchen. Im übrigen wird man sie nicht unter dem bedrückenden Wortgebirge hervorgraben, aus dem die Philosophie besteht. Man wird diese Grundlage auch nicht auf eine unumstrittene Banalität reduzieren können, denn keine Banalität ist so banal, daß Philosophen nicht gelegentlich ihren Sinn in Frage stellen oder anfechten werden. Nach der geschichtlichen Erfahrung zu urteilen, werden wahrscheinlich füreinander unverständliche und nicht miteinander zu vereinbarende Idiome weiterhin miteinander konkurrieren. Unter allen möglichen Sprachen, deren Zahl unendlich ist, ist wohl keine allumfassend mit Ausnahme der *lingua incognita Dei*.

Auch die Toleranz läßt sich in der Religion leichter und besser rechtfertigen – natürlich nur *de jure*, nicht im Sinne der historischen Tatsachen – als in der Philosophie, weil der religiöse Kultus, abgesehen davon, daß ihm verschiedene nichtverbale Ausdrucksmittel zur Verfügung stehen, das implizite und sehr oft auch explizite Eingeständnis einschließt, daß die menschliche Sprache unzulänglich und unbeholfen ist, wenn es um das Unaussprechliche geht. Potentiell müßte er daher eher bereit sein, die Vielfalt der religiösen Idiome, die allesamt notgedrungen schwerfällig sind, zu akzeptieren. In Wirklichkeit fällt das schwerer, weil nicht nur die verbal gefaßten Glaubensüberzeugungen, sondern auch Rituale und Gebräuche eine Tendenz haben, ihren absoluten Geltungsanspruch zu bekräftigen, und die Menschen Grund zu der Annahme haben, daß es um sehr viel mehr geht, wenn religiöse Streitfragen zur Debatte stehen (einer der entscheidenden Zankäpfel im Verlauf des östlichen Schismas, das die große Spaltung der christlichen Kirche mit enormen Folgen für die Zukunft der Zivilisation besiegelte, war die Frage, ob bei der Heiligen Kommunion gesäuertes oder ungesäuertes Brot verwendet werden soll). Die Ansprüche der Philosophie richten sich dagegen nicht nur auf die Wahrheit, sondern auf die buchstäbliche Wahrheit; ihre Äußerungen werden in der Regel beim Wort genommen, ohne die zwangsläufige Unzulänglichkeit der Sprache zu berücksichtigen. Der Philosoph nimmt normalerweise an, daß das, was ein anderer gesagt hat, sich, sofern es überhaupt sinnvoll ist, in seinen eigenen Jargon übersetzen läßt; die Unübersetzbarkeit, die man im Normalfall nicht zugibt, fungiert gleichwohl im Konfliktfalle als Sicherheitsnetz (»Ihre Kritik beweist, daß Sie mich völlig mißverstanden haben«), es sei denn, der Konflikt spielt sich innerhalb einer Sprachkonvention ab und bezieht sich auf bestimmte, beschränkte Sachverhalte.

Große Philosophen, die in der geistigen Geschichte der Menschheit Punkte der Diskontinuität setzen, gehen von einem Ort aus, der bislang noch nicht entdeckt war, von einer Stelle, die bis dahin ein weißer Fleck auf der Landkarte des Geistes war. Diesem Fleck, von dem aus sie die Landschaft ringsum in anderer Weise sehen, müssen sie einen Namen geben. Sie schaffen eine jungfräuliche Sprache, und für diejenigen unter ihren Zuhörern, die die gleiche Stelle betreten, die gleiche Aussicht sehen und sich die gleichen sprachlichen Mittel zu ihrer Beschreibung aneignen möchten, gibt es keine unüberwindlichen Hindernisse. In der Regel ist das allerdings nicht einfach, denn wir versuchen natürlich, fremde Texte in einen vertrauten Dialekt zu übersetzen, und verfehlen dabei den Sinn. Dafür nur ein Beispiel. Bei den Worten Heideggers: »Das Sosein des Daseins ist die Sorge« wird ein Vertreter der analytischen Philosophie denken, der Deutsche habe auszudrücken versucht, daß die Menschen sich oft über verschiedene Dinge Sorgen machen – eine nicht gerade erhellende Feststellung. Wir können uns natürlich um eine nicht ganz so platte Übersetzung bemühen, aber wenn wir eine gewisse Vertrautheit mit der neuen Sprache erreicht haben, gelangen wir sehr wahrscheinlich zu dem Schluß, daß das, was Heidegger zu sagen versuchte, am besten so gesagt wird, wie er es gesagt hat. Wir haben uns an gewisse unübersetzbare Begriffe der östlichen Philosophie wie *Tao* oder *Atman* gewöhnt, und diejenigen, die (wie der Verfasser dieser Zeilen) chinesische oder Sanskrit-Texte nicht im Original lesen können, werden ihre volle Bedeutung wahrscheinlich nie erfassen, doch ist die Sprachverwirrung in der Philosophie etwas anderes als die Verschiedenheit der natürlichen Sprachen, und sie ist störender als diese. Innerhalb eines geistigen Territoriums, dem sowohl die indische Weisheit als auch – in der europäischen Tradition – die neuplatonische Philosophie angehört, nimmt man an, daß das Ganze in einem Teil enthalten sein kann, aber wenn wir von der Gewißheit ausgehen, daß dies selbstverständlich unmöglich ist, weil man die Erdkugel nicht in eine Schokoladenschachtel packen kann, müssen wir das Bemühen um Verständnis aufgeben und diese ganze Tradition dem Abgrund einer abergläubischen Vergangenheit überlassen, aus der sie vermeintlich stammt. Was sollen wir mit dem Ausspruch einiger buddhistischer Weiser anfangen, daß *Samsara* und *Nirvana* ein und dasselbe seien? Oder mit der Lehre Sankaras: »Da ich frei bin

134

vom Lebensprinzip, handele ich nicht. Da ich keinen Intellekt habe, bin ich kein Wissender. Ich habe deshalb weder Wissen noch Unwissenheit, sondern nur das Licht des reinen Bewußtseins«? Und dennoch finden jene, die eine Zeitlang Umgang hatten mit dem buddhistischen und hinduistischen Denken, an solchen Aussprüchen nichts Unbegreifliches; ihnen könnte es dagegen schwerfallen, beispielsweise das jüdische Gottesbild zu verstehen.

Der springende Punkt an den neuen Sprachen ist nicht die Bildung von Neologismen, eine Kunst, in der die Deutschen jahrhundertelang geglänzt haben; große Philosophen, die lediglich die vorhandenen lexikalischen Mittel benutzten, haben dennoch neue Sprachen hervorgebracht, indem sie alte Wörter zwangen, neue Aspekte zu beschreiben.

Eine Abschweifung: Einer meiner Logiklehrer, Professor Kazimierz Ajdukiewicz, entwickelte eine formale Theorie von geschlossenen und kohärenten, völlig ineinander unübersetzbaren Sprachen (er veröffentlichte sie in den späten dreißiger Jahren in einer Reihe von Artikeln in der Zeitschrift *Erkenntnis*). Etliche Jahre später, als ich ein junger, allwissender Student war (leider sollte ich beide Vorzüge bald einbüßen), attackierte ich diese Theorie mit dem Hinweis, ihr Urheber könne nicht ein einziges Beispiel für sie anführen. Heute bin ich der Meinung, daß in sich geschlossene philosophische »Systeme« und Ausdrucksformen religiöser Kulte einem Beispiel für solche Sprachen am nächsten kommen.

Wie ist die Sprachverwirrung entstanden? Die biblische Geschichte (Gen. 11,1–9) handelt natürlich von ethnischen Sprachen, deren Mannigfaltigkeit einerseits eine von Gott verhängte Strafe für die menschliche Hybris und zum anderen eine praktische Maßnahme zu sein scheint, mit der Gott diese hochmütige Rasse daran hindern wollte, jeden beliebigen Einfall in die Tat umzusetzen. Die gängige christliche Auslegung verknüpft dieses verhängnisvolle Ereignis mit der Ausgießung des Heiligen Geistes, der den Aposteln die Sprachengabe schenkte (Apg. 2,1–13) und damit dank des Opfers Christi die Einheit wiederherstellte, die die Menschheit durch ihre eigene Schuld verloren hatte. Philon von Alexandria hat dieser Geschichte eine andere, etwas gewagte allegorische Deutung zu geben versucht. Da die meisten Menschen gottlos sind und ihre Freiheit dazu benutzen, Böses zu tun (fromme Menschen sollten darum beten, daß ihre Absichten und Pläne im Sande verlaufen), hat Gott, indem er sie daran hinderte, ihre Wünsche zu verwirklichen, einfach die Menge des Bösen mindern wollen und zu diesem Zweck ihre Sprachen verwirrt. Aber »Verwirrung« ist nicht gleich Trennung, sonst hätte Moses dieses letzte Wort benutzt. Die Verwirrung entsteht, wenn verschiedene Ingredienzien so zusammengemischt werden, daß sie nicht wieder getrennt werden können und keine ihrer früheren Eigenschaften erhalten bleibt, sondern neue Qualitäten entstehen. Die einheitliche Sprache aus der Zeit vor dem Turmbau zu Babel steht für die Ansammlung menschlicher Schlechtigkeiten, aus denen Gott ein Gemisch machte, um jede einzelne so zu schwächen, daß sie nicht mehr das Gute zerstören konnte (*De Confusione linguarum*, XXXVII–XXXVIII).

Als exegetische Übung ist Philons Allegorie nicht überzeugend. An sie ist hier erinnert worden, um einen quasitheologischen Gedanken vorzutragen, der, ausgehend von der Vermengung der beiden Bedeutungen von »Verwirrung« – der christlichen und der von Philon benutzten chemischen – die Verwirrung der philosophischen Zungen erklären soll.

Solange die Menschen in einer relativ stabilen und mythologisch geordneten Welt leben, ist sowohl der Sinn der Tagesereignisse als auch die von einer Schöpfungsgeschichte überwölbte Einheit der Welt klar und zweifelsfrei. Die Ordnung umfaßt sowohl das Physische wie das Moralische, und daher kann die Frage, wie das Wirkliche vom Unwirklichen oder das Gute vom Bösen zu unterscheiden sei, gar nicht aufkommen. Der Sündenfall der Philosophie (oder der Aufklärung) besteht darin, daß sie diese Ordnung aufgab, um eine andere, allein in der Vernunft begründete zu errichten: Dies lief darauf hinaus, sich selbst göttliche Rechte anzumaßen, anders gesagt, einen Turm zu bauen, der bis an den Himmel reichen sollte. Es sei daran erinnert, daß der Turm zu Babel errichtet wurde, um zu verhindern, daß die Menschen in alle Länder zerstreut würden, um also die Einheit der Menschen zu fördern; die Wirkung lief dann aber den Absichten zuwider. Die Philosophie sollte den Sinn der Welt und ihrer Einheit auf einem menschenleeren Feld entdecken; ihre Werkzeuge waren dabei die Sinne und die Logik. Genau wie die Mythologien nahm die Philosophie an, daß die Dinge nicht das sind, was sie für unsere Augen zu sein scheinen, daß die Welt nach einer Erklärung verlangt und daß, um sie verständlich zu machen, ihre Einheit – die ihres Stoffes und die ihres historischen Ursprungs – gefunden werden müsse; anders als die Mythologien nahm sie an, daß wir den Sinn nicht vorfinden, daß aber die Vernunft ihn rekonstruieren könne. Für die Philosophie lag es daher nahe, zwischen Wirk- und Zweckursachen, d. h. zwischen dem Sinnlosen und dem Sinnvollen in den Ereignissen, und zwischen der physikalischen und der moralischen Ordnung zu unterscheiden, wobei das eine sich nicht auf das andere stützen konnte und jeweils für sich untersucht und rekonstruiert werden mußte.

Die Verwirrung der Zungen war danach unvermeidlich.

In mühsamem Ringen wurden die Kriterien festgelegt, nach denen eine Verständigung im Rahmen der Vernunft möglich sein sollte, die Gesamtheit dieser Kriterien sollte man dann als Wissenschaft bezeichnen. In jenem Bereich aber, den die Philosophie vom Kern der Mythologie – einer allumfassenden Welt des Sinnhaften – erbte, werden derartige Kriterien unerreichbar, und dieser Bereich sollte sich schließlich als Philosophie im eigentlichen Sinne etablieren. Die Philosophie ist per definitionem ein Gebiet der Verwirrung der Zungen, also ein Gebiet, auf dem über die Kriterien der Geltung keine Übereinkunft zu erzielen ist. Allerdings ist ein Großteil der Philosophie damit befaßt, den Nachweis zu führen, daß Philosophie im Sinne ihrer ursprünglichen Zielsetzung unmöglich sei, da ihr nach den allgemein anerkannten Kriterien keine Gültigkeit zugesprochen werden könne, oder einfach ausgedrückt, daß die Suche nach dem »Sinn« vergeblich ist, weil der Sinn nicht sichtbar an der Welt abzulesen sei (ganz ähnlich läuft die atheistische Religionskritik auf die Bemerkung hinaus, daß »niemand je Gott gesehen hat«, was sowohl wahr als auch von der Bibel bekundet ist). Im übrigen gibt es zwischen Wissenschaft und Philosophie eine Grauzone, die aus einer Reihe von Halbwissenschaften besteht.

Bisher hat sich die Geschichte des babylonischen Unglücks zumindest in ihrem vordergründig erkennbaren Sinne bestätigt: Die Philosophie wird für ihre bloße Erfindung mit der Sprachenverwirrung bestraft, oder anders gesagt: Mit der Sprachenverwirrung rächt sich die Mythologie an der Aufklärung dafür, daß diese den anmaßenden Versuch unternommen hat, sie zu zerstören. Die Philosophie hat sich einerseits gerühmt, die Wahrheitssucherin schlechthin zu sein, aber andererseits hatte sie das monopolistische Recht, zu bestimmen, was wirklich Wahrheit sei. Nahm sie dieses Recht ernst, so versetzte sie sich in die beneidenswerte Position eines Richters, der weder an ein geschriebenes Gesetz noch an die vorliegenden Präzedenzfälle gebunden ist: Er hat einfach die Macht, *ad hoc* das allgemein gültige Gesetz zu erlassen und dann zu erklären, jedes einzelne seiner Urteile sei gesetzlich und leite seine Geltung von dem allgemeingültigen Kodex ab. Für dieses königliche Privileg war jedoch ein Preis zu entrichten, und er bestand darin, daß jeder es für sich beanspruchen konnte. Dadurch konnte der Begriff der Wahrheit und folglich die Wahrheit selbst zum ausschließlichen Besitz eines jeden werden, der sie zu besitzen wünschte. Der von vielen Möchtegern-Besitzern rechtmäßig erhobene Anspruch auf ausschließlichen Besitz an ein und derselben Sache führte zu vielen gleichermaßen gültigen, aber unübersetzbaren Sprachen, denn es gab keinen obersten Gerichtshof, der die bessere Begründung eines bestimmten Anspruchs gegenüber den anderen hätte klären können. So waren das Auftreten des *horror metaphysicus* und des Gespenstes der niemals endenden Ungewißheit unausweichlich.

Wenn die Philosophie aber, statt den Wahrheitsbegriff nach ihrem freien Ermessen zu bilden, ihn von der Wissenschaft übernimmt und sich als einer ihrer Zweige zu behaupten versucht, schneidet sie sich selbst von ihren Wurzeln und von ihrer ursprünglichen Berufung ab und läuft dadurch Gefahr, zu einem uninteressanten *divertissement* zu werden, das für die realen Sorgen der Zivilisation, seien sie nun wissenschaftlicher, moralischer oder gesellschaftlicher Natur, kaum von Belang ist. Unter einem gewissen Aspekt ähnelt jedoch die Verwirrung im Sinne von »Trennung« jener Vermengung, wie Philon sie im Sinne einer chemischen Verbindung verstanden hat. Ungeachtet der Zerstreuung der Zungen ist es der Philosophie gelungen, wie ungenau auch immer, einen Bereich des kulturellen Lebens abzustecken, der zwar oft verspottet wird, sich aber dennoch einer schwankenden Legitimität erfreut und eine Reihe von Idiomen umfaßt, die füreinander unverständlich sind. Nicht unähnlich den menschlichen Sünden und Mängeln, die in Philons Darstellung nach Gottes listenreichem Plan einander in Schach halten, nahmen diese Idiome innerhalb der Kultur ihre jeweiligen Nischen ein und hindern sich gegenseitig daran, die unbeschränkte Vorherrschaft zu erlangen. In diesem Bereich liegt das Pfingstwunder, wenn es denn möglich ist, noch vor uns.

Zur Deutung der Welt

Von deutschen Denkern wurde recht lange verkündet, das Menschengeschlecht besitze eine natürliche »hermeneutische« Orientierung, es versuche also geradezu instinktiv, in allem, das ihm widerfährt, den Sinn zu entdecken. Einen »Sinn« zu finden bedeutet in diesem Zusammenhang mehr, als nur festzustellen, was Objekte, Ereignisse und Vorstellungen für die persönlichen oder die allgemein menschlichen Bedürfnisse, Bestrebungen, Absichten und Gefahren bedeuten; wenn wir in dieser Weise von »Sinn« oder »Sinnerfassung« sprechen, gehen wir nicht über die rein naturalistische oder funktionalistische Anthropologie hinaus. Der »Sinn«, von dem die Hermeneutiker sprechen, scheint viel mehr zu enthalten. Zunächst ist es trivial und unumstritten – von unverbesserlichen Behavioristen einmal abgesehen –, daß wir jenen menschlichen Aktivitäten und Produkten, die als eine bloße Fortsetzung tierischen Verhaltens erscheinen könnten, normalerweise (d. h.: aufgrund anhaltender kultureller Gewöhnung) einen zusätzlichen Sinn zuschreiben. Wir wissen aus Erfahrung, daß Liebe mehr ist als der Fortpflanzungstrieb und daß dem Gedanken des Heims ein Sinn anhaftet, der im bloßen Begriff einer Unterkunft nicht enthalten ist. Wir glauben, daß unser Wissen nicht bloß ein Mittel zur Steigerung der Überlebenschancen der Gattung ist, sondern Anspruch darauf erhebt, ein Streben nach Wahrheit zu sein, ein Gut, das wir hochhalten, ohne auf die praktischen Vorteile zu sehen, die der Wissenszuwachs mit sich bringen könnte. Wir glauben, daß die menschliche Person an sich wertvoll ist – und nicht bloß als ein Gehilfe, den die Natur angeheuert hat, um die Samen- oder Eizellen zu produzieren, die für den Fortbestand der Gattung nötig sind. Wir wissen, daß die Beziehungen zwischen Eltern und Kindern weit über die Vorkehrungen der Natur hinausgehen, auf deren Befehl die Erzeuger sich um ihre Nachkommenschaft kümmern. Wir haben den Eindruck, daß unsere Sprache mehr ist als eine bloße Ansammlung von Signalen, die wir zu praktischen Zwecken austauschen, daß sie eine Form von Seele ist und eine Gemeinschaft schafft, die eine eigenständige ontologische Entität darstellt und nicht bloß ein Instrument des Überlebens ist. Darüber hinaus sind wir überzeugt, daß alle Merkmale, die wir mit den Tieren gemein haben, durch den zusätzlichen Sinn, den wir den Dingen zuschreiben, ebenfalls einen anderen Sinn bekommen, sobald sie uns in dem Gegensatzpaar »animalisch-human« entgegentreten, daß also mit anderen Worten nichts in uns ist, was nicht human wäre: Sowohl die Hure als auch die Jungfrau Maria sind etwas einzigartig Humanes, und gleiches gilt sowohl für das Bewußtsein, sterblich zu sein, wie für das Bewußtsein, unsterblich zu sein. Kurz, wir tragen die natürliche Überzeugung in uns, daß der Baum des Lebens diskontinuierlich sei, daß wir durch einen eigenen Schöpfungsbefehl ins Dasein gerufen wurden.

So verstanden, scheint der »Sinn« sich auf die gesamte, ausschließlich menschliche geistige Realität zu beziehen, die weder auf die psychologischen Tatsachen beschränkt ist, also auf das, was tatsächlich erfahren oder erlebt wird, noch auf die vorhumanen Aspekte unseres Lebens reduziert werden kann. Sinnvoll ist, was zu dieser Realität gehört oder in ihrem Sinne beschrieben werden kann, einer Realität, die Hegel wohl als erster als einen eigenen Seinsbereich erkannt hat. Die Hermeneutik ist, sofern sie einen so verstandenen »Sinn« zu erforschen sucht, nicht ontologisch neutral: Sie muß – zumindest stillschweigend – annehmen, daß der GEIST verstanden werden oder den »Sinn« offenbaren kann, weil er wirklich mit Sinn ausgestattet ist, ungeachtet der bewußten Intentionen von Menschen, die die materialisierten Spuren ihres Daseins in Gestalt verschiedener Artefakte hinterlassen haben (wie etwa Werkzeuge, Gebäude, Kunstwerke, gesprochene Worte, Rechnungen, wissenschaftliche Theorien, mythologische Erzählungen, die gebrochenen Knochen ihrer Nachbarn und dergleichen).

Bezieht sich das Verstehen dagegen auf einen »Sinn«, der durch die Intentionen der Individuen, die die Urheber dieser Artefakte waren, vermittelt wird, und besteht es in einem Bemühen, diese Intentionen durch Einfühlung zu rekonstruieren (Dilthey könnte seine Leser bisweilen zu dieser Annahme veranlaßt haben, nicht so Gadamer), so bedarf es nicht einer eigenen Ontologie des »objektiven Geistes«, aber die Aussichten der Suche nach Sinn werden zweifelhaft. Wir dürfen beanspruchen, etwa Zurbarans Gemälde *Der hl. Bonaventura auf dem Sterbebett* oder Beethovens Violinkonzert verstehen zu können, weil wir an den allgemein menschlichen und nicht historisch beschränkten Bestrebungen, Befürchtungen, Sehnsüchten, Freuden und Sorgen teilhaben und weil wir etwas über den spezifischen kulturellen Hintergrund wissen, in den diese Werke einzuordnen sind, aber wir können uns ganz eindeutig nicht in Zurbaran oder Beethoven hineinversetzen und ihre Intentionen und Gefühle nachempfinden.

Ein »Sinn«, der nicht psychologisch zu verstehen ist, sondern von dem man glaubt, daß er wirklich in der menschlichen Aktivität und ihren Produkten enthalten ist oder daß er ein Ausdruck des GEISTES ist, sollte zugleich ein Ausdruck der menschlichen Geschichte sein; mit anderen Worten: Die menschliche Geschichte würde nach dieser Annahme *als solche* verständlich, nicht nur in dem Sinne, daß die Motivationen der Akteure verständlich sind. Aber was heißt es, die Geschichte zu verstehen, wenn es weder darum geht, die Motivationen von einzelnen zu verstehen, noch darum, wie Bossuet einen klug ersonnenen göttlichen Plan zu enthüllen, der von dem Verlauf der menschlichen Geschichte über die Jahrhunderte hinweg sowohl offenbart als auch verborgen wird? Sicherlich bedeutet es nicht bloß, einige quantifizierbare Tendenzen festzustellen wie etwa die Tatsache, daß, wenn man eine hinreichend große Zeitspanne in Betracht zieht, die durchschnittliche Lebensdauer der Menschen sich verlängert und die Menschen in wachsendem Maße natürliche Energien für ihre Zwecke nutzen können; derartige Tatsachen sind bloße Tatsachen, aber kein Sinn. Mit dem Verstehen der Geschichte ist auch nicht gemeint, daß kausale Zusammenhänge untersucht werden. Was ist dann aber das Ziel dieses Bemühens um ein nicht-theologisches und nicht-psychologisches Verstehen? Offenbar nimmt man an, daß wir den historischen Prozeß als eine Entfaltung eines Hegelschen Weltgeistes verstehen, der weder göttlich noch individuell-menschlich ist, der kein erkennbares Selbstbewußtsein und keine transzendente Subsistenzmöglichkeit besitzt, sondern sich mit Hilfe der menschlichen Bemühungen und Sehnsüchte seinen Weg zu einem undefinierbaren Ziel bahnt; die Hermeneutik braucht ja, anders als Hegel, dem letzten Ziel des Geistes nicht nachzuspüren und kann sich daher in scheinbarer metaphysischer Neutralität sonnen. Aber sie ist nicht neutral. Wer nämlich, und sei es stillschweigend, einen unpersönlichen, der Geschichte immanenten Geist annimmt, einen Geist, der sich der menschlichen Individuen als unbewußter Helfer (wenn nicht Sklaven) bedient und in scheinbar erratischer Weise seinen Willen offenbart, der bewegt sich auf dem Boden der Metaphysik.

Das bedeutet keineswegs, daß das hermeneutische Fragen falsch oder fruchtlos wäre. Es bedeutet jedoch, daß die Hermeneutik sich im Unterschied zur Wissenschaft nicht auf allgemein annehmbare Geltungskriterien berufen kann.

Im übrigen schreckt die Hermeneutik nicht vor einer weiteren Expansion zurück; sie ist bereit, den Sinn auch auf die nicht vom Menschen gemachte Natur auszudehnen. Gadamer zitiert (in seinem Essay über *Ästhetik und Hermeneutik*) Goethes Worte: »Alles ist ein Symbol« und erklärt, daß wir in der Erfahrung der Geschichte wie der Natur auf eine Sprache lauschen; aus dem Umstand, daß wir auf alles in dieser Weise lauschen können, folgt nicht, daß wir dabei erfahren, was das Sein ist, sondern allenfalls, wie es dem menschlichen Verstehen erscheint; tatsächlich gibt es ja nichts, was für uns nicht einen Sinn hätte.

Es ist nicht leicht auszumachen, was diese Erklärung besagen soll. Daß jede Erfahrung und jedes Objekt, dem wir begegnen, für das menschliche Leben von Bedeutung sein können, ist unumstritten, solange es dabei entweder um mögliche praktische Vorteile oder um ästhetische Reaktionen geht (eine Abschweifung: Die bloße Tatsache, daß wir auf die Natur ästhetisch reagieren können, ist erstaunlich, und von einer Philosophie, die alle menschliche Erfahrung auf kulturelle »Ganzheiten« bezieht, muß sie als parasitär im Verhältnis zur Kunstwahrnehmung betrachtet oder sogar gänzlich abgelehnt werden, wie bei Croce). Alles, was sich innerhalb des Horizonts unserer Wahrnehmung und unseres Denkens befindet, wird zu einem Bestandteil der Welt gemacht, in der wir leben und die wir zu bändigen versuchen. Aber ist es einfach so, daß wir diesen Sinn per Dekret erzeugen, indem wir die Welt auf unsere praktischen, kognitiven und ästhetischen Bestrebungen beziehen, oder ist es so, daß wir den Sinn entdecken? Oder ist vielleicht beides der Fall? Nach meiner Vermutung lautet die Antwort aus der Sicht der Hermeneutik: beides. Dann aber wird der Sinn weder frei von uns erzeugt, noch liegt er in der Natur oder der Geschichte fertig vor und wartet auf einen Entdecker. Es ist vielmehr so, daß der sinnerzeugende GEIST, während er sich unserem Geist offenbart, aktuell wird, oder anders gesagt, daß das sinnbegabte Sein »wird, was es ist«, weil der Mensch versteht, was es ist. Dies kommt dem oben erörterten Gedanken des »historischen Gottes« näher.

Ich bin mir nicht ganz sicher, ob ich hier den metaphysischen Hintergrund der Hermeneutik, so wie sie sich selbst versteht, ganz genau rekonstruiert habe. Aber es geht hier nicht um die korrekte Deutung eines Philosophen, sondern vielmehr darum, daß die Hermeneutik, wenn sie in einer Suche nach »Sinn« jenseits der Intentionen von Individuen besteht, wenn sie historische Prozesse und das gesamte Reich der Natur umfassen möchte, nicht auf den Glauben an einen GEIST verzichten kann, der nicht der unsere ist, auch wenn das nicht unbedingt der vollendete, vollkommen selbstbewußte göttliche Herrscher der Welt oder das zeitlose Absolute sein muß.

Die Alternative zu diesem Glauben ist ein durchgängig

szientistisches Weltbild, das entweder impliziert oder ausdrücklich sagt, daß »Sein« sinnlos sei, daß weder das Universum noch das Leben oder die Geschichte ein Ziel haben und daß es abgesehen von menschlichen Intentionen keinen Sinn gibt. Piaget sagt beispielsweise, daß die Suche nach Zweckursachen der kindlichen Stufe der menschlichen Entwicklung entspricht; kleine Kinder fragen ständig: »Wer hat das gemacht?« (diesen Berg oder diesen Wasserfall); aber sie werden erwachsen und hören auf zu fragen, und so ergeht es auch der Menschheit. Jacques Monods bekanntes Werk *Zufall und Notwendigkeit* möchte uns davon überzeugen, daß das Leben und die menschlichen Lebensformen auf dem Zufall im entschiedensten Sinne dieses Wortes beruhen.

Und doch werden wir nicht erwachsen in dem Sinne, wie Piaget es wünscht; und wenn Kinder solche Fragen stellen, dann liegt es vermutlich daran, daß es uns einfach angeboren ist, so zu fragen. Das Erwachsenwerden der Aufklärung gipfelt genau in dieser Ermahnung: »Hör auf, solche Fragen zu stellen.« Doch die Aufklärung ist, wie Gadamer treffend bemerkt, lediglich eine Etappe unseres Entwicklungsganges.

Wir haben nie aufgehört und werden sehr wahrscheinlich nie aufhören, derartige Fragen zu stellen. Wir werden uns nie von der Versuchung befreien können, die Welt als eine Geheimschrift zu sehen, zu der wir hartnäckig den Schlüssel zu finden versuchen. Und warum sollten wir uns eigentlich von dieser Versuchung befreien, die für alle Zivilisationen mit Ausnahme der unseren (oder zumindest ihrer vorherrschenden Tendenz) die fruchtbarste Quelle gewesen ist? Und woher rührt denn die überragende Geltung des Urteils, das uns dieses Suchen verbietet? Einzig von der Tatsache, daß diese unsere Zivilisation, die sich weitgehend von dieser Suche befreit hat, sich in einigen

146